Sonia Edouard

Révélez votre Grandeur

Sonia Edouard

Révélez votre Grandeur

Libérez votre Potentiel et Créez votre Réalité

Éditions Vie

Imprint
Any brand names and product names mentioned in this book are subject to trademark, brand or patent protection and are trademarks or registered trademarks of their respective holders. The use of brand names, product names, common names, trade names, product descriptions etc. even without a particular marking in this work is in no way to be construed to mean that such names may be regarded as unrestricted in respect of trademark and brand protection legislation and could thus be used by anyone.

Cover image: www.ingimage.com

Publisher:
Éditions Vie
is a trademark of
Dodo Books Indian Ocean Ltd. and OmniScriptum S.R.L publishing group

120 High Road, East Finchley, London, N2 9ED, United Kingdom
Str. Armeneasca 28/1, office 1, Chisinau MD-2012, Republic of Moldova, Europe
Printed at: see last page
ISBN: 978-613-9-59290-6

"Révélez votre Grandeur : Libérez votre Potentiel et Créez votre Réalité"

Partie 1: Reconnaître l'ombre de la grandeur

✓ Introduction : Le concept de grandeur enfouie

- Identifier les blocages et les croyances limitantes
- Explorer les peurs et les doutes qui nous retiennent
- Les conséquences de la grandeur enfouie dans nos vies

Partie 2: Cultiver la grandeur intérieure

✓ **Éveiller la conscience de soi et la confiance en soi**

- Cultiver l'estime de soi et l'amour-propre
- Développer une mentalité de croissance
- S'affranchir des normes et des attentes extérieures

Partie 3: Libérer le potentiel caché

✓ **Identifier et utiliser ses talents et ses passions**

- Explorer sa créativité et sa force intérieure
- Dépasser les obstacles et persévérer face aux défis
- S'épanouir dans sa vie personnelle et professionnelle

Partie 4: Rayonner la grandeur

✓ **Cultiver des relations harmonieuses et inspirantes**

- Contribuer à un monde meilleur grâce à sa grandeur
- Inspirez les autres à libérer leur potentiel
- Laisser sa grandeur prendre sa place dans le monde

Partie 5 : Laissez votre grandeur prendre sa place

✓ Introduction à la gratitude et à la manifestation

- Pratiquer la gratitude
- La puissance de la manifestation
- L'alignement de la gratitude et de la manifestation
- Pratiquer la gratitude et la manifestation au quotidien
- Témoignages inspirants
- Récapitulatif et intégration

Partie 6 : La transformation à long terme : maintenir et développer sa grandeur

✓ Renforcer les fondations

- Élargir ses horizons
- Gérer les revers et les défis
- L'impact sur les autres
- La grandeur collective
- Évoluer avec le temps

Conclusion : Vivre pleinement sa grandeur et créer sa propre réalité

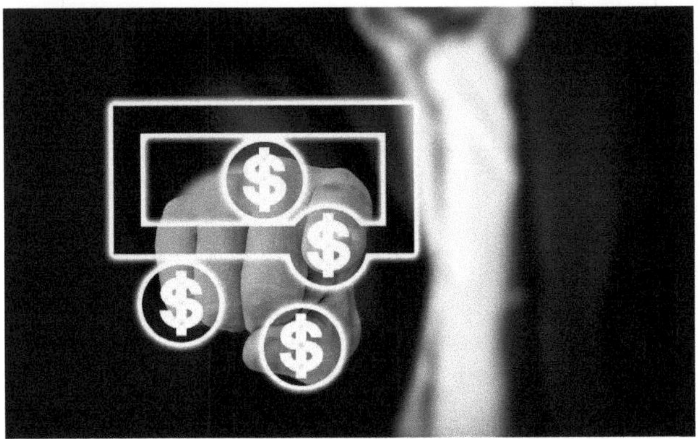

La grandeur est un potentiel inné qui sommeille en chacun de nous, attendant d'être libéré et exprimé pleinement. Cependant, trop souvent, nous nous retrouvons pris au piège de nos propres doutes, peurs et croyances limitantes, qui nous empêchent de laisser notre grandeur prendre sa place dans notre vie. Mais imaginez un instant ce qui pourrait se passer si nous osions briser ces chaînes et permettre à notre grandeur de briller.

Lorsque nous parlons de grandeur, nous ne faisons pas référence à une notion de supériorité ou d'ego démesuré. Au contraire, la grandeur dont il est question ici est une expression authentique de notre véritable essence, de notre potentiel le plus élevé. C'est la réalisation de notre être profond, de nos talents uniques et de notre véritable mission dans la vie.

Reconnaître et libérer notre grandeur nécessite un travail intérieur profond. Cela commence par une prise de conscience de nos propres blocages et croyances limitantes. Ces barrières invisibles peuvent prendre la forme de doutes sur nos compétences, de peur de l'échec ou même de peur du succès. Elles nous maintiennent dans notre zone de confort, nous empêchant de nous aventurer vers l'inconnu et d'explorer notre plein potentiel.

Le premier pas vers la libération de notre grandeur consiste à développer une conscience de soi profonde. Cela implique d'explorer nos forces et nos faiblesses, nos passions et nos désirs les plus profonds. En nous connaissant véritablement, nous pouvons identifier nos véritables talents et passions, et les nourrir avec intention.

En cultivant l'estime de soi et l'amour-propre, nous créons un sol fertile pour notre grandeur à s'épanouir. Nous devons apprendre à nous traiter avec bienveillance, à nous donner la permission de faire des erreurs et à croire en nos capacités. La confiance en soi est le carburant qui alimente notre grandeur, nous permettant de surmonter les défis et de prendre des risques pour atteindre nos objectifs les plus ambitieux.

Un aspect essentiel de laisser notre grandeur prendre sa place est de cultiver une mentalité de croissance. Cela signifie embrasser les défis comme des opportunités d'apprentissage, et voir l'échec comme un tremplin vers le succès. En se nourrissant de la curiosité et de la volonté de se développer, nous ouvrons la porte à des possibilités infinies et à une expansion continue.

Pour laisser notre grandeur émerger, nous devons également nous libérer des normes et des attentes extérieures qui peuvent nous restreindre. Trop souvent, nous nous laissons dicter notre valeur par les jugements des autres ou par des critères sociaux préétablis. Il est temps de briser ces chaînes et de se définir selon nos propres termes. Notre grandeur ne peut être définie par les autres, elle est unique et personnelle à chacun de nous.

Une fois que nous avons commencé à libérer notre grandeur intérieure, il est temps de laisser cette grandeur rayonner dans le monde. Nous pouvons le faire en cultivant des relations harmonieuses et inspirantes, en partageant nos connaissances et nos expériences avec les autres, et en contribuant de manière positive à notre environnement. Chaque personne a le pouvoir d'inspirer et d'influencer les autres d'une manière unique, et c'est en laissant notre grandeur prendre sa place que nous pouvons véritablement faire une différence.

Partie 1: Reconnaître l'ombre de la grandeur

✓ Introduction : Le concept de grandeur enfouie

Dans les profondeurs de notre être, existe un potentiel immense qui ne demande qu'à être libéré et exprimé pleinement. Ce potentiel, que nous appelons la grandeur enfouie, représente notre capacité innée à vivre une vie extraordinaire, à réaliser nos rêves les plus audacieux et à laisser notre empreinte unique dans le monde. Cependant, trop souvent, ce potentiel reste inexploré, restant prisonnier des limitations que nous nous imposons ou qui nous sont imposées par notre environnement.

La grandeur enfouie peut être comparée à un trésor caché au fond d'un océan. Il est là, attendant d'être découvert, mais il est enfoui sous des couches de doutes, de peurs et de croyances limitantes qui agissent comme des barrières pour le libérer. Ces barrières sont souvent le résultat de nos expériences passées, de nos échecs, de notre environnement familial ou social, ou même de nos propres pensées négatives sur nous-mêmes.

Lorsque nous nous référons à la grandeur, il est important de noter que cela ne signifie pas nécessairement devenir célèbre, riche ou puissant d'un point de vue matériel. La grandeur est plutôt une expression authentique de notre être profond, une révélation de notre potentiel unique et une contribution significative au monde qui nous entoure. Elle est présente dans tous les domaines de la vie - créativité, leadership, relations, carrière, spiritualité - et elle prend des formes différentes pour chaque individu.

La grandeur enfouie est souvent réprimée par nos propres croyances limitantes. Ces croyances peuvent être le résultat de messages négatifs que nous avons reçus dans notre enfance, de comparaisons constantes avec les autres, de l'échec passé ou même de la peur du succès. Elles créent une voix intérieure critique qui nous dit que nous ne sommes pas assez bons, assez talentueux ou assez méritants pour réaliser nos aspirations les plus profondes.

Pourtant, lorsque nous commençons à explorer notre grandeur enfouie, nous découvrons souvent que ces croyances sont des illusions qui nous ont retenu prisonniers pendant trop longtemps. Nous réalisons que nous avons en nous les ressources nécessaires pour surmonter les défis, pour apprendre et grandir, et pour créer une réalité alignée avec nos aspirations les plus profondes.

Libérer notre grandeur enfouie nécessite un travail intérieur profond et un engagement envers notre propre croissance personnelle. Cela commence par une prise de conscience de nos blocages et de nos croyances limitantes. Nous devons examiner nos pensées, nos émotions et nos comportements pour identifier les schémas qui nous ont retenu prisonniers et nous empêchent de réaliser notre plein potentiel. Cette prise de conscience est souvent le premier pas crucial vers la transformation.

- Identifier les blocages et les croyances limitantes

Dans notre quête pour laisser notre grandeur prendre sa place, il est essentiel de prendre conscience des blocages et des croyances limitantes qui entravent notre potentiel. Ces obstacles invisibles peuvent nous empêcher d'explorer notre véritable grandeur et de réaliser nos aspirations les plus profondes.

Les blocages peuvent prendre différentes formes, allant des peurs paralysantes aux schémas de pensée négatifs en passant par les expériences passées douloureuses. Ces blocages sont souvent profondément ancrés en nous, parfois depuis notre enfance, et peuvent agir comme des barrières qui nous retiennent dans notre zone de confort. Ils nous maintiennent dans des schémas de pensée limités et nous empêchent d'aller de l'avant.

Les croyances limitantes sont des idées ou des convictions profondément enracinées qui nous empêchent de croire en notre potentiel et en notre capacité à réussir. Elles sont souvent façonnées par notre environnement, notre éducation, nos expériences passées et les opinions des autres. Ces croyances négatives nous limitent en nous disant que nous ne sommes pas assez bons, assez intelligents ou assez talentueux pour réaliser nos rêves. Elles créent une voix intérieure critique et auto-sabotante qui nous retient dans un état de stagnation.

L'identification de ces blocages et de ces croyances limitantes est un processus introspectif essentiel pour libérer notre grandeur enfouie. Cela demande du courage et de l'honnêteté envers soi-même. Il est important de prendre le temps d'explorer nos pensées et nos émotions, de faire face à nos peurs et de reconnaître les schémas de comportement qui nous retiennent.

Une façon de repérer ces blocages est de prêter attention à nos réactions émotionnelles face à certaines situations ou défis. Par exemple, si nous ressentons de l'anxiété ou de la peur lorsque nous envisageons de poursuivre un objectif particulier, cela peut indiquer un blocage sous-jacent. Il est important d'explorer la cause de ces émotions et de creuser plus profondément pour comprendre les croyances ou les expériences passées qui ont contribué à leur formation.

L'auto-réflexion et la tenue d'un journal peuvent également être des outils puissants pour identifier les blocages et les croyances limitantes. En notant nos pensées, nos réflexions et nos réactions dans différentes situations, nous pouvons détecter les schémas récurrents et les pensées négatives qui nous retiennent. Cela nous donne l'occasion de remettre en question ces croyances et de les remplacer par des pensées plus positives et constructives.

Une fois que nous avons identifié ces blocages et ces croyances limitantes, il est important de les remettre en question et de les remodéliser. Nous devons nous demander si ces croyances sont vraiment fondées sur la réalité ou si elles sont le produit de nos peurs et de nos expériences passées. En développant une conscience de nos pensées et en choisissant activement de remplacer les croyances limitantes par des croyances positives et encourageantes, nous pouvons commencer à briser les barrières qui nous retiennent.

Il est également essentiel de se rappeler que les blocages et les croyances limitantes sont des constructions mentales qui peuvent être changées. Nous avons le pouvoir de choisir nos pensées et de remodeler nos croyances pour soutenir notre potentiel et notre grandeur. Cela demande du travail et de la persévérance, mais chaque pas que nous faisons vers la libération de nos blocages nous rapproche de notre véritable grandeur.

- Explorer les peurs et les doutes qui nous retiennent

Lorsque nous cherchons à laisser notre grandeur prendre sa place, il est essentiel d'explorer les peurs et les doutes qui nous retiennent. Ces émotions et pensées négatives peuvent agir comme des freins puissants, nous empêchant d'explorer notre plein potentiel et de réaliser nos aspirations les plus profondes. En plongeant au cœur de ces peurs et de ces doutes, nous pouvons les comprendre, les confronter et finalement les surmonter.

Les peurs sont des émotions naturelles qui sont conçues pour nous protéger. Elles sont souvent enracinées dans l'incertitude et la crainte de l'inconnu. Lorsqu'il s'agit de laisser notre grandeur prendre sa place, nos peurs peuvent se manifester de différentes manières. Par exemple, nous pouvons craindre l'échec, le rejet, le jugement des autres, ou même la responsabilité qui vient avec la réussite. Ces peurs peuvent nous paralyser et nous empêcher de prendre des risques nécessaires pour atteindre nos objectifs.

Pour explorer nos peurs, il est important d'identifier spécifiquement ce que nous craignons et d'en comprendre les racines. Parfois, nos peurs sont basées sur des expériences passées où nous avons connu des échecs ou des déceptions. Elles peuvent également être influencées par les croyances limitantes que nous avons intériorisées au fil du temps. En analysant ces peurs, nous pouvons commencer à les démystifier et à remettre en question leur validité.

Une méthode efficace pour explorer les peurs est de les confronter directement. Cela peut impliquer de se lancer dans des situations qui nous font peur, de prendre des risques calculés et de sortir de notre zone de confort. En affrontant nos peurs de manière progressive et bienveillante, nous pouvons constater que nos craintes étaient souvent exagérées et infondées. Cette expérience de dépassement de nos peurs renforce notre confiance en nous-mêmes et nous permet d'ouvrir de nouvelles portes vers notre grandeur.

Outre les peurs, les doutes peuvent également entraver notre chemin vers la grandeur. Les doutes sont les voix intérieures critiques qui remettent en question nos capacités et notre légitimité. Ils nous font douter de nos compétences, de nos talents et même de notre valeur en tant qu'individus. Les doutes peuvent surgir lorsque nous nous comparons aux autres, lorsque nous faisons face à des revers ou lorsque nous nous trouvons confrontés à des défis apparemment insurmontables.

Pour explorer nos doutes, nous devons être conscients de ces pensées auto-limitantes et de leur impact sur notre confiance en nous-mêmes. Il est important de reconnaître que les doutes sont souvent basés sur des jugements et des normes externes plutôt que sur notre véritable potentiel. En développant une conscience de nos pensées négatives et en les remettant en question, nous pouvons commencer à remplacer les doutes par des pensées positives et constructives.

Un moyen efficace de surmonter les doutes est de se concentrer sur nos forces et nos réalisations passées. En se rappelant de nos succès passés et en se concentrant sur nos compétences et nos talents uniques, nous pouvons renforcer notre confiance en nous-mêmes. Il est également utile de s'entourer de personnes qui nous soutiennent et nous encouragent, car leur soutien peut renforcer notre conviction en notre potentiel.

Enfin, il est important de cultiver l'acceptation de soi et de pratiquer l'auto-compassion. En reconnaissant que personne n'est parfait et que tout le monde fait face à des doutes à un moment donné, nous pouvons adopter une attitude bienveillante envers nous-mêmes. L'auto-compassion nous permet de reconnaître que nos doutes ne définissent pas notre valeur et que nous avons le droit de poursuivre nos aspirations malgré ces doutes.

- Les conséquences de la grandeur enfouie dans nos vies

Lorsque nous refusons de laisser notre grandeur prendre sa place, les conséquences se font ressentir dans tous les aspects de notre vie. L'ignorance de notre potentiel inexploité et le maintien de notre grandeur enfouie peuvent nous priver d'une vie épanouissante et significative. Examinons de plus près les conséquences de ne pas libérer notre grandeur.

1. Stagnation et insatisfaction : En refusant de laisser notre grandeur s'exprimer, nous nous enfermons dans une routine monotone et prévisible. Nous restons coincés dans notre zone de confort, évitant les défis et les opportunités de croissance personnelle. Cela conduit à une stagnation dans notre développement et à un sentiment général d'insatisfaction. Nous avons l'impression que quelque chose nous manque, que nous ne sommes pas pleinement épanouis dans nos vies.

2. Regrets et amertume : À mesure que le temps passe, le regret de ne pas avoir exploité notre plein potentiel grandit. Nous réalisons que nous avons laissé passer des opportunités, que nous avons abandonné nos rêves et que nous avons refusé de prendre des risques pour atteindre nos objectifs. Ce sentiment de regret peut engendrer de l'amertume et de la frustration, nous laissant avec le sentiment que nous avons gâché une précieuse partie de notre vie.

3. Faible estime de soi : En gardant notre grandeur enfouie, notre estime de soi peut être profondément affectée. Nous commençons à nous sous-estimer et à douter de nos capacités. Le manque de confiance en nous-mêmes alimente un cercle vicieux où nous nous sentons de moins en moins compétents pour relever les défis qui se présentent à nous. Cette

faible estime de soi peut également avoir un impact sur nos relations interpersonnelles et notre capacité à établir des liens significatifs avec les autres.

4. Manque de contribution : Lorsque nous n'exprimons pas notre grandeur, nous privons le monde de nos dons uniques et de notre impact positif. Chacun de nous a la capacité d'influencer les autres et de contribuer à la société d'une manière significative. En retenant notre grandeur, nous négligeons l'occasion d'apporter une valeur ajoutée à notre entourage, à notre communauté et au monde en général.

5. Sentiment de vide existentiel : Le refus de laisser notre grandeur prendre sa place peut créer un sentiment de vide existentiel. Nous avons l'impression que quelque chose d'important nous échappe, que notre vie manque de sens et de but. Ce vide peut se manifester par une recherche constante de distractions et de plaisirs superficiels pour combler le manque intérieur. Cependant, ces palliatifs ne peuvent jamais remplacer le sentiment de satisfaction profonde qui découle de la réalisation de notre grandeur.

6. Reproches envers soi-même et autres : Lorsque nous sommes conscients de notre grandeur enfouie, il est facile de blâmer nous-mêmes ou les autres pour ne pas avoir réalisé notre potentiel. Nous pouvons nous reprocher de ne pas avoir pris les bonnes décisions, de ne pas avoir osé ou de ne pas avoir été soutenus par notre environnement. Ce ressentiment peut générer des conflits internes et externes, et entraîner des relations tendues et des sentiments de frustration.

7. Manque de satisfaction professionnelle : Dans le domaine professionnel, le refus de laisser notre grandeur prendre sa place peut se traduire par un manque de satisfaction. Nous pouvons nous retrouver coincés dans des emplois qui ne nous épanouissent pas, où nos compétences et nos talents sont sous-utilisés. Cette insatisfaction professionnelle peut se propager à d'autres domaines de notre vie, affectant notre bien-être global.

Partie 2: Cultiver la grandeur intérieure

✓ Éveiller la conscience de soi et la confiance en soi

L'éveil de la conscience de soi et le développement de la confiance en soi sont des éléments essentiels pour permettre à notre grandeur de prendre sa place. La conscience de soi nous permet de nous connaître profondément, de comprendre nos valeurs, nos besoins, nos désirs et nos limites. La confiance en soi, quant à elle, est le socle sur lequel nous construisons notre estime de soi et notre capacité à croire en notre potentiel. Explorons comment éveiller la conscience de soi et renforcer la confiance en soi peuvent nous aider à libérer notre grandeur.

1. Éveiller la conscience de soi : Le premier pas pour laisser notre grandeur prendre sa place est d'éveiller notre conscience de soi. Cela implique d'être attentif à nos pensées, nos émotions, nos motivations et nos comportements. En prenant le temps de nous observer de manière objective, nous pouvons identifier nos schémas de pensée limitants, nos peurs et nos blocages. La méditation, la réflexion personnelle et la tenue d'un journal sont des outils précieux pour développer cette conscience de soi.

2. Comprendre nos valeurs et nos besoins : En approfondissant notre conscience de soi, nous pouvons également clarifier nos valeurs et nos besoins. Qu'est-ce qui est vraiment important pour nous dans la vie ? Qu'est-ce qui nous motive et nous donne un sentiment d'accomplissement ? En identifiant nos valeurs fondamentales, nous pouvons aligner nos actions sur celles-ci, ce qui nous permet de vivre de manière plus authentique et en accord avec qui nous sommes réellement.

3. Accepter et embrasser notre unicité : Chacun de nous est unique, avec des compétences, des talents et des perspectives uniques à offrir au monde. Il est essentiel d'accepter et d'embrasser cette unicité. Cela signifie cesser de se comparer aux autres et de se juger en fonction des normes ou des attentes externes. En reconnaissant notre propre valeur et en cultivant l'amour-propre, nous pouvons embrasser notre grandeur intérieure et permettre à notre lumière de briller.

4. Cultiver la confiance en soi : La confiance en soi est un élément clé pour laisser notre grandeur prendre sa place. Elle nous donne le courage de sortir de notre zone de confort, de prendre des risques et de relever les défis. Pour renforcer notre confiance en nous-mêmes, nous pouvons commencer par célébrer nos succès passés, aussi petits soient-ils. Chaque réalisation renforce notre estime de soi et notre croyance en notre capacité à réussir. Il est également important de se fixer des objectifs réalistes et réalisables, et de prendre des mesures concrètes pour les atteindre. Chaque pas en avant renforce notre confiance en nous-mêmes et nous rapproche de notre grandeur.

5. Se entourer de soutien : Lorsque nous cherchons à libérer notre grandeur, il est essentiel de s'entourer de personnes qui nous soutiennent et nous encouragent. Les relations positives et bienveillantes peuvent nourrir notre confiance en nous-mêmes et nous donner le soutien dont nous avons besoin pour persévérer dans notre

cheminement. Cela peut inclure des amis, des membres de la famille, des mentors ou des coachs, qui peuvent offrir des conseils, des encouragements et une perspective extérieure précieuse.

6. Faire face à nos peurs : Pour laisser notre grandeur prendre sa place, nous devons faire face à nos peurs et les dépasser. Les peurs sont souvent ce qui nous retient dans notre zone de confort et nous empêche de prendre des risques nécessaires pour notre développement. En adoptant une approche progressive et bienveillante, nous pouvons commencer à sortir de notre zone de confort et à faire face à nos peurs. Chaque petite victoire renforce notre confiance et nous permet de progresser vers notre grandeur.

- Cultiver l'estime de soi et l'amour-propre

Cultiver l'estime de soi et l'amour-propre sont des éléments essentiels pour permettre à notre grandeur de prendre sa place. L'estime de soi est la perception et l'évaluation que nous avons de nous-mêmes, tandis que l'amour-propre est l'affection et la bienveillance que nous ressentons envers nous-mêmes. Ensemble, ils forment une base solide qui nous permet de croire en notre valeur intrinsèque et de nous accepter tels que nous sommes. Explorons comment cultiver l'estime de soi et l'amour-propre peut nous aider à libérer notre grandeur.

1. Reconnaître nos qualités et nos forces : Pour cultiver l'estime de soi et l'amour-propre, il est important de reconnaître et d'apprécier nos qualités, nos forces et nos succès. Prenez le temps de dresser une liste de vos réalisations passées, de vos compétences et de vos talents. Célébrez vos succès, aussi petits soient-ils, et rappelez-vous que chaque accomplissement compte. En développant une perception positive de vous-même, vous renforcez votre estime de soi et votre confiance en vos capacités.

2. Faire preuve de bienveillance envers soi-même : La bienveillance envers soi-même est un élément clé de l'amour-propre. Il s'agit de traiter notre propre personne avec compassion, gentillesse et indulgence, tout comme nous le ferions avec un être cher. Lorsque vous faites face à des difficultés ou à des échecs, évitez de vous juger sévèrement. Au lieu de cela, pratiquez l'auto-compassion en vous accordant le pardon, en vous donnant du soutien et en vous encourageant à vous relever et à continuer d'avancer.

3. Éviter la comparaison avec les autres : La comparaison constante avec les autres peut être toxique pour notre estime de soi et notre amour-propre. Chacun de nous a un parcours unique et des circonstances différentes, il est donc inutile de se comparer aux autres. Concentrez-vous sur votre propre chemin et sur vos propres progrès. Appréciez votre propre croissance et votre propre développement, sans vous soucier de ce que les autres font ou réalisent.

4. Prendre soin de son bien-être physique et émotionnel : Prendre soin de son bien-être physique et émotionnel est un moyen puissant de cultiver l'estime de soi et l'amour-propre. Prenez le temps de prendre soin de votre corps en vous engageant dans des activités physiques régulières, en adoptant une alimentation saine et équilibrée, et en vous accordant suffisamment de repos et de sommeil. N'oubliez pas non plus de prendre soin de votre bien-être émotionnel en pratiquant des activités qui vous procurent de la joie, en cherchant le soutien de vos proches et en développant des stratégies de gestion du stress et des émotions.

5. Fixer des limites saines : Établir des limites saines est essentiel pour cultiver l'estime de soi et l'amour-propre. Cela implique de savoir dire "non" lorsque cela est nécessaire, de préserver notre énergie et notre temps, et de respecter nos propres besoins et nos propres valeurs. En fixant des limites claires, nous nous montrons que nous méritons d'être respectés et que notre bien-être est une priorité.

6. S'entourer de personnes positives : Les relations que nous entretenons ont un impact significatif sur notre estime de soi et notre amour-propre. S'entourer de personnes positives, bienveillantes et encourageantes peut renforcer notre confiance en nous-mêmes et nous aider à croire en notre valeur. Identifiez les personnes qui vous soutiennent réellement et qui vous inspirent, et cherchez à développer des liens solides avec elles.

7. Pratiquer l'affirmation de soi : L'affirmation de soi consiste à exprimer ses besoins, ses désirs et ses opinions de manière assertive et respectueuse. En pratiquant l'affirmation de soi, vous renforcez votre estime de soi en vous montrant que vous avez le droit de vous exprimer et d'être entendu. Apprenez à exprimer vos limites, à demander ce dont vous avez besoin et à défendre vos convictions avec respect et fermeté.

- Développer une mentalité de croissance

La mentalité de croissance est une approche fondamentale pour permettre à notre grandeur de prendre sa place. Elle repose sur la conviction que nos compétences, nos talents et notre intelligence peuvent être développés et améliorés par l'effort, la persévérance et l'apprentissage continu. En adoptant une mentalité de croissance, nous sommes ouverts aux défis, nous embrassons les erreurs comme des opportunités d'apprentissage, et nous croyons en notre capacité à évoluer et à progresser. Explorons comment développer une mentalité de croissance peut nous aider à libérer notre grandeur.

Adopter une attitude positive face aux défis : Une mentalité de croissance nous pousse à voir les défis comme des occasions de grandir et de nous améliorer. Plutôt que de se décourager face aux difficultés, nous les considérons comme des étapes nécessaires sur notre chemin vers la réussite. Nous sommes prêts à sortir de notre zone de confort et à relever de nouveaux défis, car nous savons que c'est là que se trouvent les opportunités de croissance.

Apprendre de nos erreurs : Une mentalité de croissance nous permet de voir les erreurs comme des expériences d'apprentissage. Plutôt que de les considérer comme des échecs, nous les utilisons comme des occasions de réflexion et de développement. Nous analysons nos erreurs, identifions ce qui n'a pas fonctionné et tirons des leçons pour nous améliorer. En embrassant nos erreurs, nous sommes en mesure de progresser et de nous rapprocher de notre grandeur.

Cultiver la curiosité et la soif d'apprendre : Une mentalité de croissance se nourrit de la curiosité et de l'apprentissage continu. Nous sommes ouverts à de nouvelles idées, à de nouvelles perspectives et à de nouvelles compétences. Nous cherchons activement des occasions d'apprendre et de nous développer, que ce soit par le biais de la lecture, de la formation, de l'expérimentation ou de la recherche d'informations. Nous comprenons que l'apprentissage est un processus continu et que chaque nouvelle connaissance acquise nous rapproche un peu plus de notre grandeur.

Cultiver la persévérance et la résilience : Une mentalité de croissance nous donne la persévérance et la résilience nécessaires pour surmonter les obstacles et les revers. Nous comprenons que le succès n'est pas instantané et qu'il peut y avoir des revers sur notre chemin. Cependant, nous ne nous laissons pas décourager par les échecs temporaires. Au contraire, nous nous relevons, nous ajustons notre approche et nous continuons à avancer. La persévérance et la résilience sont des qualités essentielles pour permettre à notre grandeur de prendre sa place.

Cultiver un état d'esprit positif : Une mentalité de croissance repose sur un état d'esprit positif. Nous choisissons de voir les possibilités plutôt que les limites. Nous nous entourons d'inspiration et de motivation, que ce soit par le biais de lectures inspirantes, de mentors ou de modèles positifs. Nous développons une attitude optimiste et croyons en notre capacité à atteindre nos objectifs. Un état d'esprit positif nourrit notre confiance en nous-mêmes et en notre potentiel de grandeur.

Dépasser les croyances limitantes : Une mentalité de croissance nous pousse à remettre en question et à dépasser nos croyances limitantes. Nous reconnaissons que les croyances négatives sur nos capacités ou notre potentiel peuvent entraver notre croissance et notre développement. Nous cherchons à identifier ces croyances limitantes et à les remplacer par des croyances positives et affirmantes. Nous croyons en notre capacité à nous développer et à réaliser notre grandeur.

- S'affranchir des normes et des attentes extérieures

Dans notre société, nous sommes souvent confrontés à des normes et à des attentes extérieures qui peuvent limiter notre capacité à laisser notre grandeur prendre sa place. Ces normes et attentes sont souvent dictées par la famille, la culture, la société ou même par notre propre cercle social. Elles peuvent nous enfermer dans des schémas restrictifs et nous empêcher de révéler notre véritable potentiel. S'affranchir de ces normes et attentes extérieures est un pas essentiel pour libérer notre grandeur intérieure et vivre une vie authentique et épanouissante.

Identifier les normes et les attentes limitantes : La première étape pour s'affranchir des normes et des attentes extérieures est de les identifier. Il est important de prendre conscience des normes sociales ou des attentes familiales qui peuvent nous restreindre ou nous imposer des limites. Cela peut inclure des attentes liées à la carrière, au mariage, à la famille, à l'apparence physique, aux choix de vie, etc. En prenant conscience de ces normes et attentes, nous pouvons commencer à remettre en question leur validité et leur impact sur notre propre épanouissement.

Remettre en question les normes et attentes : Une fois que nous avons identifié les normes et attentes qui nous limitent, il est essentiel de les remettre en question. Nous devons nous demander si ces normes et attentes sont en accord avec nos propres valeurs, aspirations et désirs. Est-ce que suivre ces normes et attentes nous apporte réellement du bonheur et de l'épanouissement ? Ou est-ce qu'ils nous empêchent d'être fidèles à nous-mêmes et de réaliser notre plein potentiel ? En remettant en question ces normes et attentes, nous pouvons commencer à forger notre propre chemin et à créer une vie qui nous ressemble.

Se reconnecter à son authenticité : S'affranchir des normes et des attentes extérieures nécessite de se reconnecter à son authenticité. Cela signifie écouter notre voix intérieure, nos valeurs et nos passions profondes. Il est essentiel d'identifier ce qui nous rend vraiment heureux et épanoui, indépendamment des attentes des autres. Se reconnecter à son authenticité demande du courage, car cela implique parfois de prendre des décisions qui vont à l'encontre des normes établies. Cependant, c'est en étant fidèle à soi-même que nous pouvons réellement laisser notre grandeur s'exprimer.

Cultiver la confiance en soi : Pour s'affranchir des normes et des attentes extérieures, il est essentiel de cultiver la confiance en soi. La confiance en soi nous donne la force nécessaire pour résister aux pressions sociales et pour suivre notre propre chemin. Il est important de reconnaître nos propres valeurs, compétences et réalisations. Se concentrer sur nos forces et nos capacités renforce notre confiance en nous-mêmes, ce qui nous permet de faire face aux jugements et aux critiques externes. La confiance en soi nous aide à croire en notre potentiel et à nous affirmer sans avoir besoin de l'approbation des autres.

Entourer de personnes positives et bienveillantes : S'affranchir des normes et des attentes extérieures peut parfois être difficile si nous sommes entourés de personnes négatives ou critiques. Il est important de s'entourer de personnes qui nous soutiennent, nous encouragent et nous inspirent. Chercher des amis, des mentors ou des communautés qui partagent nos valeurs et notre vision de la vie nous donne la force et le soutien nécessaires pour rester fidèles à nous-mêmes. Ces personnes positives et bienveillantes nous rappellent que nous avons le droit de vivre selon nos propres termes et de laisser notre grandeur prendre sa place.

Créer sa propre définition du succès : S'affranchir des normes et des attentes extérieures implique de créer sa propre définition du succès. Il est essentiel de se défaire de la notion de réussite telle que définie par la société ou par les autres, et de définir ce que le succès signifie pour nous-mêmes. Cela peut être lié à notre bonheur, à notre épanouissement personnel, à la réalisation de nos passions, à la contribution que nous apportons au monde, etc. En créant notre propre définition du succès, nous nous libérons des pressions et des jugements extérieurs, et nous nous donnons la permission d'être authentiques et de vivre une vie qui nous ressemble vraiment.

Partie 3: Libérer le potentiel caché

✓ Identifier et utiliser ses talents et ses passions

- Explorer sa créativité et sa force intérieure

Lorsque nous explorons notre créativité et notre force intérieure, nous permettons à notre grandeur de prendre sa place et de s'épanouir pleinement. La créativité est un potentiel inhérent à chaque individu, et elle peut prendre de nombreuses formes, que ce soit dans l'art, la musique, l'écriture, la danse, la cuisine ou même la résolution de problèmes. C'est un moyen puissant de s'exprimer, de trouver un sens et de se connecter à notre essence profonde. En même temps, notre force intérieure est la source de notre résilience, de notre confiance en nous-mêmes et de notre capacité à surmonter les obstacles. Explorer et cultiver ces aspects de notre être nous permet de libérer notre grandeur intérieure. Explorons comment nous pouvons développer notre créativité et notre force intérieure.

Libérer sa créativité : La créativité est une capacité naturelle présente en chacun de nous. Cependant, parfois, elle peut être étouffée par le stress, les obligations quotidiennes ou le manque de confiance en soi. Pour la libérer, il est important de créer un espace propice à l'expression créative. Cela peut inclure l'allocation de temps dédié à des activités créatives, la recherche d'inspiration à travers des lectures, des films, des expositions d'art, ou même la pratique de la méditation pour calmer l'esprit et favoriser l'émergence des idées. Laisser libre cours à notre créativité nous permet de nous connecter à notre imagination, à notre intuition et à notre capacité à voir les choses sous un nouvel angle.

Expérimenter de nouvelles formes d'expression : Pour explorer pleinement notre créativité, il est bénéfique d'expérimenter de nouvelles formes d'expression. Cela nous permet de sortir de notre zone de confort et d'explorer des territoires inconnus. Nous pouvons essayer de nouvelles techniques artistiques, explorer des genres musicaux différents, écrire dans des styles différents, ou même apprendre de nouvelles compétences telles que la poterie, la photographie ou la danse. L'expérimentation nous ouvre de nouvelles perspectives et nous permet de découvrir des aspects inexplorés de notre créativité.

Cultiver un état d'esprit ouvert et curieux : Pour explorer notre créativité et notre force intérieure, il est important de cultiver un état d'esprit ouvert et curieux.

Cela signifie être prêt à sortir des sentiers battus, à remettre en question les normes établies et à explorer de nouvelles idées. Cela implique également de faire preuve de patience et de persévérance, car la créativité peut parfois prendre du temps pour se manifester pleinement. En cultivant un état d'esprit ouvert, nous nous permettons d'explorer des possibilités infinies et d'embrasser notre créativité avec confiance et audace.

Se connecter à sa force intérieure : Notre force intérieure est une ressource puissante qui nous aide à faire face aux défis, à surmonter les obstacles et à persévérer dans notre parcours. Pour se connecter à cette force intérieure, il est important de cultiver l'amour-propre et l'estime de soi. Cela implique de reconnaître nos qualités, nos réalisations et nos compétences. Il est également important de faire preuve de bienveillance envers nous-mêmes, d'accepter nos imperfections et de nous rappeler que nous sommes capables de surmonter les difficultés. La pratique régulière de l'auto-compassion, de la gratitude et de la méditation peut nous aider à nous connecter à notre force intérieure et à cultiver une attitude positive face à la vie.

Surmonter les blocages et les peurs : Parfois, notre créativité et notre force intérieure peuvent être entravées par des blocages émotionnels ou des peurs. Il est important de les identifier et de les surmonter pour libérer pleinement notre grandeur intérieure. Cela peut nécessiter une introspection profonde, un travail sur soi et éventuellement l'aide d'un thérapeute ou d'un coach. En identifiant les croyances limitantes, les schémas de pensée négatifs ou les expériences passées qui nous retiennent, nous pouvons commencer à les transformer et à libérer notre potentiel créatif et notre force intérieure.

- Dépasser les obstacles et persévérer face aux défis

Dans notre quête pour laisser notre grandeur prendre sa place, il est inévitable que nous rencontrions des obstacles et des défis sur notre chemin. Ces obstacles peuvent prendre différentes formes : des échecs, des revers, des doutes, des peurs ou des circonstances difficiles. Cependant, notre capacité à les dépasser et à persévérer face à ces défis est essentielle pour libérer notre grandeur intérieure. Explorons comment nous pouvons développer cette capacité à surmonter les obstacles et à persévérer dans notre parcours.

Accepter les défis comme des opportunités : Tout d'abord, il est important de changer notre perception des défis. Au lieu de les voir comme des obstacles insurmontables, nous pouvons les considérer comme des opportunités de croissance et de développement. Les défis nous permettent de nous tester, de découvrir nos forces, de développer de nouvelles compétences et de renforcer notre résilience. En adoptant une attitude positive et en considérant les défis comme des occasions d'apprentissage, nous sommes mieux préparés à les affronter et à persévérer malgré les difficultés.

Établir des objectifs clairs et réalistes : Pour surmonter les obstacles et persévérer face aux défis, il est important d'établir des objectifs clairs et réalistes. Les objectifs nous donnent une direction à suivre et nous aident à rester motivés lorsque les choses deviennent difficiles. Il est essentiel de définir des objectifs qui sont à la fois stimulants et atteignables, car des objectifs trop ambitieux peuvent nous décourager, tandis que des objectifs trop faciles peuvent nous laisser insatisfaits. En ayant une vision claire de ce que nous voulons atteindre, nous pouvons mieux nous préparer mentalement et émotionnellement pour surmonter les obstacles qui se présentent sur notre chemin.

Développer la résilience : La résilience est une qualité essentielle pour faire face aux défis et aux obstacles. Elle nous permet de rebondir après des échecs, de faire preuve de persévérance et de garder espoir même lorsque les choses deviennent difficiles. Pour développer notre résilience, il est important de cultiver une mentalité positive et de pratiquer l'auto-compassion. Cela implique de voir les échecs comme des opportunités d'apprentissage, de se pardonner pour nos erreurs et de trouver des moyens de se relever et de continuer à avancer. La résilience nous permet de transformer les défis en occasions de grandir et de nous renforcer.

Soutien social et réseautage : Lorsque nous sommes confrontés à des obstacles, il est crucial d'avoir un soutien social solide. Le soutien des personnes qui nous entourent, qu'il s'agisse de membres de la famille, d'amis, de mentors ou de coachs, peut nous donner la force et la motivation nécessaires pour persévérer. Ces personnes peuvent nous offrir des conseils, des encouragements et une perspective différente sur nos défis. En outre, il est bénéfique de se connecter avec d'autres personnes partageant les mêmes intérêts ou objectifs, car cela nous permet de bénéficier de leur expérience, de partager des stratégies et de trouver un soutien mutuel.

S'adapter et apprendre de l'expérience : Face aux obstacles et aux défis, il est important d'être flexible et de s'adapter aux changements de circonstances. Parfois, cela peut signifier ajuster nos objectifs, changer notre approche ou même abandonner certaines voies qui ne nous mènent pas là où nous voulons aller. L'adaptabilité nous permet d'apprendre de l'expérience, d'expérimenter de nouvelles stratégies et de trouver des solutions créatives. Chaque défi peut être une occasion d'apprendre, de grandir et de découvrir notre propre résilience et notre capacité à surmonter les obstacles.

- S'épanouir dans sa vie personnelle et professionnelle

Laisser notre grandeur prendre sa place ne se limite pas seulement à notre développement personnel, mais également à notre épanouissement dans tous les aspects de notre vie, que ce soit sur le plan personnel ou professionnel. S'épanouir dans ces deux sphères est essentiel pour vivre une vie équilibrée, épanouissante et satisfaisante. Explorons comment nous pouvons atteindre cet épanouissement tant dans notre vie personnelle que professionnelle.

Clarifier nos valeurs et nos priorités : L'épanouissement dans la vie personnelle et professionnelle commence par une compréhension claire de nos valeurs et de nos priorités. Prendre le temps d'identifier ce qui est vraiment important pour nous nous permet de créer un alignement entre nos choix, nos actions et nos aspirations. Cela nous aide à prendre des décisions éclairées et à consacrer notre temps et notre énergie aux domaines qui ont le plus de valeur à nos yeux. En clarifiant nos valeurs et nos priorités, nous créons une base solide pour construire une vie épanouissante.

Cultiver l'équilibre entre vie personnelle et professionnelle : L'épanouissement ne peut être atteint que si nous trouvons un équilibre sain entre notre vie personnelle et notre vie professionnelle. Il est important de définir des limites claires et de consacrer du temps de qualité à nos relations, à nos loisirs et à nos activités qui nous ressourcent. Le surinvestissement dans notre carrière au détriment de notre vie personnelle peut entraîner un déséquilibre et un sentiment de frustration. En établissant des frontières claires entre nos engagements professionnels et nos besoins personnels, nous créons un espace où nous pouvons nous épanouir dans tous les aspects de notre vie.

Trouver notre passion et notre but : Pour s'épanouir dans notre vie personnelle et professionnelle, il est important de trouver notre passion et notre but. Lorsque nous sommes alignés avec nos passions, nos talents et nos valeurs, nous sommes plus motivés, plus engagés et plus épanouis dans ce que nous faisons. Il est bénéfique de prendre le temps d'explorer nos intérêts, d'identifier nos forces et de découvrir ce qui nous donne un sentiment de réalisation et de satisfaction. En trouvant notre passion et en l'intégrant dans nos choix professionnels et personnels, nous pouvons vivre une vie plus riche et plus épanouissante.

Développer nos compétences et notre expertise : L'épanouissement dans notre vie personnelle et professionnelle est également lié à notre développement continu. Il est important de cultiver nos compétences, d'élargir nos connaissances et de développer notre expertise dans nos domaines d'intérêt. Cela peut être réalisé par la formation, la lecture, la participation à des séminaires ou des ateliers, ou même en recherchant des mentors ou des coachs qui peuvent nous guider dans notre cheminement. En nous engageant dans un apprentissage continu, nous restons stimulés, nous renforçons notre confiance en nous et nous créons des opportunités d'épanouissement tant sur le plan personnel que professionnel.

Cultiver des relations positives et nourrissantes : Les relations sont un élément clé de notre épanouissement dans la vie personnelle et professionnelle. Cultiver des relations positives et nourrissantes nous apporte un soutien émotionnel, une connexion sociale et une source de bonheur. Il est important de s'entourer de personnes qui nous inspirent, nous encouragent et nous soutiennent dans notre développement. Cela peut inclure notre famille, nos amis, nos collègues ou des membres d'une communauté partageant les mêmes intérêts. En investissant dans des relations positives et en entretenant des liens significatifs, nous créons un environnement qui favorise notre épanouissement et notre bien-être.

Se fixer des objectifs inspirants et réalisables : L'épanouissement dans la vie personnelle et professionnelle est soutenu par la fixation d'objectifs inspirants et réalisables. Ces objectifs nous permettent de nous engager dans un processus d'amélioration continue et de croissance. Ils nous donnent une direction à suivre et nous motivent à sortir de notre zone de confort pour atteindre de nouveaux niveaux de réussite. Lorsque nous nous fixons des objectifs qui sont alignés avec nos valeurs, nos passions et nos talents, nous sommes plus enclins à nous investir pleinement dans leur réalisation et à ressentir un profond sentiment d'épanouissement lorsque nous les atteignons.

Partie 4: Rayonner la grandeur

✓ Cultiver des relations harmonieuses et inspirantes

Les relations que nous entretenons avec les autres jouent un rôle essentiel dans notre épanouissement personnel et notre bonheur. Les relations harmonieuses et inspirantes nous apportent un soutien émotionnel, une connexion profonde et un sentiment de bien-être. Elles nourrissent notre croissance personnelle et nous aident à libérer notre grandeur intérieure. Dans cette section, nous explorerons comment cultiver des relations harmonieuses et inspirantes dans notre vie.

1. La communication authentique et bienveillante : La communication est au cœur de toute relation. Pour cultiver des relations harmonieuses, il est essentiel d'adopter une communication authentique et bienveillante. Cela signifie être honnête, transparent et ouvert dans nos échanges avec les autres. Il est important d'écouter activement, d'exprimer nos besoins et nos sentiments de manière respectueuse et d'être réceptif aux besoins et aux sentiments des autres. La communication authentique et bienveillante favorise la compréhension mutuelle, la résolution des conflits et renforce la confiance dans les relations.

2. L'empathie et la compréhension mutuelle : L'empathie joue un rôle clé dans la création de relations harmonieuses et inspirantes. En étant empathiques, nous sommes capables de nous mettre à la place des autres, de comprendre leurs perspectives et leurs émotions. Cela nous permet de créer un espace d'écoute et de soutien pour les personnes qui nous entourent. Lorsque nous faisons preuve d'empathie, nous renforçons les liens émotionnels et favorisons une compréhension mutuelle profonde. Cela contribue à établir des relations solides et inspirantes.

3. Le respect mutuel et l'acceptation inconditionnelle : Cultiver des relations harmonieuses nécessite un respect mutuel et une acceptation inconditionnelle des autres. Chaque individu est unique avec ses propres expériences, opinions et valeurs. En respectant les différences et en acceptant les autres tels qu'ils sont, nous créons un environnement où chacun se sent en sécurité et valorisé. Le respect mutuel permet de développer une relation basée sur la confiance, l'ouverture et la bienveillance.

4. Le soutien et l'encouragement réciproque : Dans des relations harmonieuses et inspirantes, le soutien et l'encouragement mutuel jouent un rôle crucial. Nous devons être présents pour les autres dans les moments difficiles, les soutenir dans leurs objectifs et leurs aspirations, et les encourager à poursuivre leurs rêves. En étant un soutien pour les autres, nous créons un environnement où chacun se sent soutenu et motivé à donner le meilleur de lui-même. Le soutien et l'encouragement réciproques renforcent les liens et stimulent notre croissance personnelle.

5. L'établissement de limites saines : Dans toute relation, il est important d'établir des limites saines. Cela signifie définir clairement nos besoins, nos attentes et nos limites personnelles. En établissant des limites, nous protégeons notre bien-être émotionnel et nous préservons nos propres valeurs et priorités. Des limites claires aident à maintenir une dynamique équilibrée dans la relation et à éviter les situations qui pourraient être néfastes ou toxiques. Lorsque nous établissons des limites saines, nous créons un environnement où les relations peuvent s'épanouir de manière positive.

6. La pratique de la gratitude et de la reconnaissance : La gratitude et la reconnaissance sont des éléments essentiels pour cultiver des relations harmonieuses et inspirantes. En exprimant notre gratitude envers les autres, nous renforçons les liens émotionnels et créons un climat de positivité. La gratitude nous permet de reconnaître les contributions et les qualités des autres, ce qui nourrit la relation et génère une atmosphère de bienveillance et de gratitude mutuelle. La pratique régulière de la gratitude et de la reconnaissance contribue à maintenir des relations saines et épanouissantes.

- Contribuer à un monde meilleur grâce à sa grandeur

Chacun d'entre nous possède une grandeur intérieure qui peut être mise à profit pour apporter des changements positifs dans le monde qui nous entoure. Lorsque nous laissons notre grandeur prendre sa place, nous découvrons une force et une capacité d'action extraordinaires. Dans cette section, nous explorerons comment nous pouvons contribuer à un monde meilleur en libérant notre grandeur intérieure.

Trouver sa passion et sa vocation : La première étape pour contribuer à un monde meilleur consiste à identifier nos passions et nos vocations. Lorsque nous sommes alignés avec ce qui nous passionne et ce qui nous motive profondément, nous sommes plus susceptibles d'apporter une contribution significative. Cela peut impliquer de réfléchir à nos valeurs, à nos intérêts et à nos talents uniques. Une fois que nous avons identifié notre passion et notre vocation, nous pouvons orienter nos efforts vers des domaines qui correspondent à nos aspirations et qui ont un impact positif sur le monde.

Agir localement : Contribuer à un monde meilleur ne nécessite pas nécessairement de réaliser des actions grandioses à grande échelle. Il est important de se rappeler que le changement commence souvent au niveau local. Nous pouvons choisir de nous impliquer dans notre communauté, de soutenir des organisations locales ou de participer à des projets qui ont un impact positif à petite échelle. En apportant des changements positifs dans notre environnement immédiat, nous inspirons les autres à faire de même et créons une onde de bienveillance et de progrès.

S'engager dans des causes sociales : Contribuer à un monde meilleur implique souvent de s'engager dans des causes sociales qui nous tiennent à cœur. Il peut s'agir de lutter contre l'injustice sociale, de promouvoir l'égalité des chances, de défendre les droits de l'homme ou de soutenir des communautés marginalisées. En choisissant une cause qui nous passionne, nous pouvons consacrer notre énergie et nos ressources à créer un impact positif. Cela peut se faire par le biais de bénévolat, de dons financiers, de sensibilisation ou d'activisme. Chaque contribution compte et peut faire la différence dans la vie des personnes touchées par ces causes.

Pratiquer la durabilité environnementale : Contribuer à un monde meilleur implique également de prendre soin de notre environnement. Nous pouvons adopter des pratiques durables dans notre vie quotidienne, comme la réduction de notre consommation d'énergie, le recyclage, l'utilisation de transports écologiques ou l'achat de produits respectueux de l'environnement. En sensibilisant les autres à l'importance de la durabilité environnementale, nous encourageons un changement collectif vers un mode de vie plus respectueux de la planète. Chaque geste compte pour préserver notre écosystème et léguer un monde sain aux générations futures.

Inspirer les autres par son exemple : Lorsque nous laissons notre grandeur prendre sa place, nous inspirons naturellement les autres à libérer la leur. En vivant selon nos valeurs, en étant authentiques et en manifestant notre grandeur, nous devenons des modèles inspirants pour ceux qui nous entourent. Notre façon de vivre, notre engagement et notre positivité peuvent avoir un effet d'entraînement sur les autres, les encourageant à agir et à contribuer à un monde meilleur à leur manière.

- Inspirez les autres à libérer leur potentiel

Lorsque nous laissons notre grandeur prendre sa place, nous ne nous contentons pas de transformer notre propre vie, mais nous avons également le pouvoir d'inspirer les autres à libérer leur potentiel et à atteindre de nouveaux sommets. En incarnant notre authenticité, en partageant notre parcours et en offrant un soutien bienveillant, nous pouvons encourager ceux qui nous entourent à découvrir leur grandeur intérieure. Dans cette section, nous explorerons comment nous pouvons inspirer les autres à libérer leur potentiel.

Incarner l'authenticité : L'authenticité est une force puissante qui peut inspirer les autres à embrasser leur propre grandeur. Lorsque nous sommes authentiques dans nos paroles, nos actions et nos choix de vie, nous montrons aux autres qu'il est possible d'être soi-même et de vivre une vie épanouissante. En partageant nos histoires personnelles, nos succès, mais aussi nos défis et nos échecs, nous créons un espace d'ouverture et d'acceptation. Les autres se sentent alors encouragés à explorer leur propre vérité et à libérer leur potentiel.

Cultiver l'empathie et la bienveillance : L'empathie et la bienveillance sont des qualités essentielles pour inspirer les autres à libérer leur potentiel. Lorsque nous nous mettons à la place des autres, que nous écoutons activement et que nous faisons preuve de compassion, nous créons un environnement de soutien et d'encouragement. En reconnaissant et en honorant les aspirations et les talents des autres, nous les aidons à développer une confiance en eux-mêmes et à trouver le courage de suivre leurs rêves. Notre présence bienveillante peut être une source de motivation et de soutien précieux pour ceux qui cherchent à libérer leur potentiel.

Partager les leçons apprises : En partageant nos expériences et les leçons que nous avons apprises tout au long de notre parcours, nous offrons aux autres des conseils et des perspectives précieuses. Nous pouvons partager nos stratégies pour surmonter les obstacles, les erreurs que nous avons commises et les apprentissages qui en ont découlé. En montrant que l'échec fait partie intégrante du processus d'apprentissage et que chaque expérience est une occasion de grandir, nous encourageons les autres à persévérer et à ne pas craindre les échecs temporaires. Notre partage peut les inspirer à se lancer dans leurs propres défis et à croire en leur propre potentiel.

Offrir un soutien et des encouragements : Lorsque nous voyons le potentiel et les capacités des autres, nous avons la responsabilité de les soutenir et de les encourager. Nous pouvons être des mentors, des coachs ou simplement des amis bienveillants qui offrent un soutien émotionnel et des encouragements dans les moments difficiles. En croyant en eux et en exprimant notre confiance en leurs capacités, nous pouvons les aider à surmonter leurs doutes et leurs peurs. Un simple mot d'encouragement ou un geste de soutien peut avoir un impact significatif sur leur confiance en eux et les inciter à explorer leur plein potentiel.

Créer un environnement d'apprentissage et de croissance : Nous pouvons inspirer les autres à libérer leur potentiel en créant un environnement qui favorise l'apprentissage et la croissance. Cela peut être fait en encourageant l'exploration, en fournissant des ressources et des opportunités d'apprentissage, ou en créant des espaces où les idées et les passions peuvent être partagées et nourries. En soutenant l'éducation, la formation continue et le développement personnel, nous créons un environnement propice à l'épanouissement et à l'expansion des capacités des autres.

- Laisser sa grandeur prendre sa place dans le monde

Lorsque nous parlons de laisser notre grandeur prendre sa place dans le monde, nous faisons référence à l'idée de vivre une vie pleinement épanouie, alignée sur notre véritable potentiel et nos aspirations les plus profondes. Cela implique de libérer notre créativité, nos talents et notre authenticité pour impacter positivement notre entourage et le monde qui nous entoure. Dans cette section, nous explorerons comment nous pouvons laisser notre grandeur prendre sa place dans le monde.

Connaître sa véritable grandeur : Le premier pas pour laisser sa grandeur prendre sa place dans le monde est de prendre conscience de son propre potentiel. Il est essentiel de se connaître soi-même, d'identifier ses forces, ses passions et ses valeurs. En comprenant qui nous sommes réellement, nous pouvons commencer à cultiver notre grandeur intérieure et à l'exprimer dans tous les aspects de notre vie.

Briser les limites et les croyances limitantes : Souvent, ce sont nos propres limites et croyances limitantes qui nous empêchent de laisser pleinement notre grandeur s'exprimer. Il est important d'identifier et de remettre en question ces pensées auto-limitantes qui nous retiennent. En adoptant une mentalité de croissance, nous pouvons repousser nos limites et embrasser de nouvelles opportunités.

Définir sa vision et ses objectifs : Pour laisser notre grandeur prendre sa place dans le monde, il est crucial de définir une vision claire de ce que nous voulons réaliser et des contributions que nous souhaitons apporter. Cela nous donne une direction et nous motive à agir de manière alignée avec nos aspirations les plus profondes. Fixer des objectifs concrets et mesurables nous aide à mesurer notre progression et à rester engagés dans notre cheminement.

Prendre des risques et sortir de sa zone de confort : Pour laisser notre grandeur s'épanouir, il est nécessaire de sortir de notre zone de confort et de prendre des risques. Cela peut signifier oser explorer de nouveaux territoires, relever des défis audacieux ou affronter nos peurs. En prenant des risques calculés, nous ouvrons la porte à de nouvelles expériences et opportunités qui peuvent nous permettre de grandir et de réaliser notre plein potentiel.

S'engager dans une croissance personnelle continue : La croissance personnelle est un processus continu qui nous permet d'explorer notre grandeur intérieure et de la développer constamment. Il est essentiel de chercher des occasions d'apprentissage, de se former, de se remettre en question et de se développer sur le plan personnel et professionnel. En investissant dans notre propre croissance, nous enrichissons notre compréhension de nous-mêmes et de notre potentiel, ce qui nous permet de laisser notre grandeur briller dans le monde.

Servir les autres et contribuer à un monde meilleur : Lorsque nous laissons notre grandeur prendre sa place dans le monde, il est important de se rappeler que notre potentiel ne se limite pas à nous-mêmes. En servant les autres et en contribuant à un monde meilleur, nous donnons un sens plus profond à notre propre grandeur. Cela peut prendre différentes formes, que ce soit en s'impliquant dans des causes qui nous tiennent à cœur, en aidant les personnes dans le besoin, en partageant nos connaissances et en inspirant les autres à libérer leur propre potentiel.

Partie 5 : Laissez votre grandeur prendre sa place

✓ Introduction à la gratitude et à la manifestation

La gratitude et la manifestation sont deux concepts puissants qui peuvent transformer notre vie et nous aider à laisser notre grandeur prendre sa place. Dans cette introduction, nous explorerons ces notions et comprendrons comment elles sont étroitement liées.

La gratitude est l'art de reconnaître et d'apprécier les aspects positifs de notre vie. C'est une attitude profonde de reconnaissance envers ce que nous avons, ce que nous sommes et ce qui nous entoure. Lorsque nous cultivons la gratitude, nous nous concentrons sur les bénédictions et les moments de joie présents dans notre quotidien, même les plus simples. Cela nous permet de changer notre perspective, de développer un état d'esprit positif et d'ouvrir notre cœur à l'abondance.

La manifestation, quant à elle, est le processus de création intentionnelle de notre réalité. Elle repose sur le principe selon lequel nos pensées, nos émotions et nos actions peuvent influencer les résultats que nous obtenons dans notre vie. En pratiquant la manifestation, nous clarifions nos désirs, nous les visualisons avec émotion et nous les soutenons par des actions alignées sur nos objectifs. C'est un moyen puissant de créer la vie que nous souhaitons et de permettre à notre grandeur de s'épanouir pleinement.

La gratitude et la manifestation sont étroitement liées car elles fonctionnent ensemble en harmonie. La gratitude élève notre état vibratoire en nous focalisant sur les aspects positifs de notre existence. En ressentant une profonde gratitude, nous attirons davantage de raisons d'être reconnaissants dans notre vie. C'est comme si nous envoyions un signal positif à l'univers, lui indiquant que nous sommes prêts à recevoir plus de bien-être et d'abondance. La gratitude ouvre également notre cœur à la réception et à l'appréciation de ce que nous manifestons.

D'autre part, la manifestation renforce notre gratitude en nous permettant de créer délibérément des expériences positives dans notre vie. En identifiant nos désirs les plus profonds, en les visualisant avec conviction et en agissant en accord avec eux, nous invitons l'univers à coopérer avec nous pour les réaliser. La manifestation nous rappelle que nous avons le pouvoir de façonner notre réalité et d'exprimer notre grandeur intérieure. Elle nous permet de nous connecter à notre potentiel illimité et de créer une vie qui reflète notre véritable essence.

Il est essentiel de comprendre que la gratitude et la manifestation ne sont pas des techniques magiques qui garantissent un succès instantané. Elles sont plutôt des pratiques qui demandent de la patience, de la persévérance et de la foi. La gratitude nous invite à cultiver un état d'esprit positif et à être ouverts à recevoir, même dans les moments difficiles. La manifestation nous encourage à prendre des mesures concrètes pour concrétiser nos désirs et à croire en notre pouvoir de créer la réalité que nous souhaitons.

En intégrant la gratitude et la manifestation dans notre vie quotidienne, nous nous engageons dans un cheminement personnel de transformation et d'épanouissement. Nous commençons à remarquer et à apprécier les petites merveilles qui se présentent à nous. Nous nous concentrons sur ce qui fonctionne plutôt que sur ce qui ne fonctionne pas, et nous développons une attitude de confiance envers l'univers et envers nous-mêmes.

- Pratiquer la gratitude

La gratitude est une pratique puissante qui peut transformer notre vie en profondeur. Elle nous permet de reconnaître et d'apprécier les nombreuses bénédictions présentes dans notre quotidien, même les plus simples. En cultivant la gratitude, nous développons une attitude de reconnaissance envers la vie et nous ouvrons notre cœur à l'abondance qui nous entoure.

Pratiquer la gratitude ne se limite pas à dire simplement "merci" lorsque nous recevons quelque chose. C'est un état d'esprit et une attitude de vie qui nécessitent une attention et une intention conscientes. Voici quelques conseils pour intégrer la pratique de la gratitude dans notre quotidien :

1. Tenir un journal de gratitude : Prenez quelques minutes chaque jour pour écrire dans un journal les choses pour lesquelles vous êtes reconnaissant. Notez les moments de joie, les rencontres inspirantes, les petites victoires, les moments de beauté et tout ce qui vous apporte du bonheur. En écrivant ces moments, vous les ancrez dans votre mémoire et vous les revivrez chaque fois que vous relirez votre journal.

2. Pratiquer la gratitude au réveil et au coucher : Commencez et terminez votre journée par une pensée de gratitude. Avant de vous lever le matin, prenez quelques instants pour réfléchir à ce que vous appréciez dans votre vie et exprimez votre gratitude pour ces choses. De même, avant de vous coucher, repassez mentalement votre journée et notez les moments pour lesquels vous êtes reconnaissant.

3. Exprimer votre gratitude aux autres : Prenez le temps d'exprimer votre gratitude aux personnes qui vous entourent. Que ce soit par un simple "merci" ou par une note de remerciement, exprimer votre gratitude aux autres renforce les liens et crée une atmosphère de positivité. N'oubliez pas de vous exprimer sincèrement et spécifiquement sur ce que vous appréciez chez l'autre.

4. Pratiquer la gratitude dans les moments difficiles : La gratitude ne se limite pas aux moments de joie. Elle peut également être pratiquée dans les moments difficiles. Prenez du recul et recherchez les leçons et les opportunités de croissance que ces situations vous offrent. Même dans les moments les plus sombres, il y a souvent des aspects pour lesquels nous pouvons être reconnaissants. Faire preuve de gratitude dans les moments difficiles nous permet de changer notre perspective et de trouver la force nécessaire pour faire face aux défis.

5. Pratiquer la gratitude pour soi-même : N'oubliez pas de vous exprimer de la gratitude à vous-même. Reconnaître vos qualités, vos réalisations et vos efforts vous aide à développer une estime de soi saine et à vous connecter avec votre propre grandeur. Célébrez vos succès, même les plus petits, et accordez-vous de l'amour et de l'appréciation.

6. Utiliser des rappels visuels : Placez des rappels visuels de gratitude dans votre environnement quotidien. Vous pouvez afficher des post-it avec des affirmations de gratitude sur votre miroir de salle de bain, créer un tableau de vision rempli de photos qui vous rappellent les moments de joie, ou porter un bracelet ou un collier symbolisant la gratitude. Ces rappels visuels vous aideront à maintenir votre attention sur la gratitude tout au long de la journée.

En pratiquant la gratitude régulièrement, nous développons un état d'esprit positif et une ouverture à l'abondance de la vie. Nous commençons à remarquer et à apprécier les petites merveilles qui nous entourent, et nous nous concentrons sur les aspects positifs plutôt que sur les aspects négatifs de notre existence. La gratitude nous aide à vivre dans le présent et à créer une réalité emplie de bonheur et de satisfaction.

N'oubliez pas que la gratitude est une pratique personnelle et que chacun peut la vivre à sa manière. Trouvez les techniques qui vous conviennent le mieux et intégrez-les dans votre routine quotidienne. Plus vous pratiquerez la gratitude, plus vous ressentirez ses bienfaits et plus vous attirerez de raisons d'être reconnaissant dans votre vie. La gratitude est un cadeau que vous pouvez offrir à vous-même et aux autres pour cultiver votre grandeur intérieure et créer une réalité épanouissante.

- La puissance de la manifestation

La manifestation est un processus qui nous permet de créer délibérément notre réalité. C'est une pratique qui repose sur le principe que nos pensées, nos émotions et nos actions influencent les résultats que nous obtenons dans notre vie. En comprenant et en utilisant la puissance de la manifestation, nous pouvons exprimer notre grandeur intérieure et manifester nos désirs les plus profonds.

Pour comprendre la puissance de la manifestation, il est important de saisir certains concepts clés :

La loi de l'attraction : La loi de l'attraction est une loi universelle qui stipule que nous attirons dans notre vie ce sur quoi nous concentrons notre attention et notre énergie. En d'autres termes, nos pensées et nos émotions sont des aimants qui attirent des expériences correspondantes. Si nous pensons et ressentons de manière positive, nous attirons des résultats positifs, et vice versa. La manifestation utilise la loi de l'attraction de manière intentionnelle pour créer les résultats que nous souhaitons.

La visualisation : La visualisation est un outil puissant de la manifestation. C'est le processus de création d'images mentales claires et vivantes de nos désirs. En visualisant nos objectifs et nos rêves avec émotion et détail, nous envoyons un message clair à notre subconscient et à l'univers sur ce que nous souhaitons attirer dans notre vie. La visualisation nous permet de nous connecter avec nos désirs les plus profonds et de les rendre plus tangibles et réels.

L'alignement des pensées, des émotions et des actions : Pour que la manifestation soit efficace, il est essentiel d'aligner nos pensées, nos émotions et nos actions. Cela signifie que nos pensées doivent être en harmonie avec nos émotions et que nos actions doivent être en accord avec nos intentions. Par exemple, si nous désirons une relation amoureuse épanouissante, nous devons nourrir des pensées et des émotions positives liées à l'amour, et prendre des actions concrètes pour rencontrer de nouvelles personnes et créer des opportunités de connexion.

Lâcher prise et faire confiance à l'univers : La manifestation ne consiste pas à contrôler chaque aspect de notre réalité, mais plutôt à aligner nos intentions et à faire confiance à l'univers pour nous apporter ce qui est le mieux pour nous. Cela implique de lâcher prise sur le besoin de contrôler les résultats et de permettre à l'univers de travailler à notre service. La confiance en l'univers et en notre propre pouvoir de création est essentielle pour laisser notre grandeur prendre sa place.

En utilisant ces principes de manifestation, nous pouvons transformer nos rêves en réalité. Voici quelques étapes pratiques pour pratiquer la manifestation :

Clarifier vos désirs : Prenez le temps de réfléchir à ce que vous souhaitez réellement manifester dans votre vie. Soyez spécifique et détaillé sur vos objectifs et vos rêves.

Visualiser avec émotion : Prenez quelques instants chaque jour pour visualiser vos désirs avec émotion. Imaginez-vous déjà en train de vivre ces expériences, ressentez la joie, la gratitude et l'excitation que cela vous apporte.

Affirmer vos intentions : Utilisez des affirmations positives et puissantes pour renforcer vos intentions de manifestation. Répétez-les régulièrement pour programmer votre esprit subconscient et renforcer votre croyance en votre pouvoir de création.

Prendre des actions inspirées : Soyez attentif aux signes et aux opportunités qui se présentent à vous. Prenez des actions inspirées qui vous rapprochent de vos désirs. Écoutez votre intuition et suivez votre guidance intérieure.

Pratiquer la gratitude : Soyez reconnaissant pour les manifestations qui se réalisent déjà dans votre vie. La gratitude renforce votre vibration positive et attire davantage de raisons d'être reconnaissant.

Lâcher prise et faire confiance : Laissez l'univers travailler à votre service. Lâchez prise sur les résultats spécifiques et ayez confiance en l'univers pour vous apporter ce qui est le mieux pour vous.

La pratique de la manifestation demande de la patience, de la persévérance et de la foi. Il peut y avoir des moments où les résultats ne se manifestent pas immédiatement, mais c'est là que la confiance en l'univers devient essentielle. Continuez à aligner vos pensées, vos émotions et vos actions avec vos désirs, et sachez que l'univers travaille en coulisses pour vous aider à créer votre réalité.

En pratiquant la gratitude et la manifestation conjointement, vous ouvrez la porte à des possibilités infinies et vous permettez à votre grandeur intérieure de prendre sa place dans le monde. En cultivant une attitude de gratitude et en utilisant consciemment la puissance de la manifestation, vous pouvez créer une réalité épanouissante et alignée sur votre véritable potentiel. Vous êtes le créateur de votre vie, et en vivant pleinement votre grandeur, vous pouvez créer une réalité qui reflète votre magnificence.

- L'alignement de la gratitude et de la manifestation

La gratitude et la manifestation sont deux pratiques puissantes qui peuvent transformer notre vie de manière significative. Lorsqu'elles sont utilisées ensemble et en alignement, elles créent une synergie magique qui renforce notre pouvoir de création et nous permet de manifester nos désirs les plus profonds.

La gratitude est l'art de reconnaître et d'apprécier les aspects positifs de notre vie, qu'ils soient grands ou petits. C'est une attitude de reconnaissance et d'ouverture à l'abondance qui nous entoure. La gratitude nous permet de nous connecter avec notre cœur et de cultiver un état d'esprit positif et reconnaissant. Elle nous invite à voir les bénédictions présentes dans notre vie et à exprimer notre appréciation pour elles.

D'un autre côté, la manifestation est le processus de création délibérée de notre réalité. Elle repose sur le principe selon lequel nos pensées, nos émotions et nos actions influencent les résultats que nous attirons dans notre vie. La manifestation nous invite à aligner nos pensées, nos émotions et nos actions avec nos désirs les plus profonds afin d'attirer et de manifester ce que nous souhaitons vivre.

L'alignement de la gratitude et de la manifestation se produit lorsque nous pratiquons la gratitude avec une intention de manifestation. Cela signifie que nous utilisons la gratitude comme un outil pour amplifier notre énergie positive et élever notre vibration, ce qui facilite la manifestation de nos désirs.

Voici comment pratiquer l'alignement de la gratitude et de la manifestation :

Commencez par la gratitude : Avant de vous engager dans votre pratique de manifestation, prenez le temps de cultiver la gratitude. Prenez conscience des aspects positifs de votre vie et exprimez votre appréciation pour eux. Cela peut se faire à travers la tenue d'un journal de gratitude, en réfléchissant à haute voix sur ce pour quoi vous êtes reconnaissant, ou en pratiquant des moments de gratitude silencieux. La gratitude crée un état d'ouverture et de réceptivité qui est essentiel pour la manifestation.

Clarifiez vos désirs : Une fois que vous avez nourri votre état d'esprit de gratitude, prenez le temps de clarifier vos désirs les plus profonds. Identifiez ce que vous souhaitez attirer et manifester dans votre vie. Soyez spécifique et détaillé dans vos intentions. Plus vous serez clair sur ce que vous voulez, plus vous serez en mesure de le manifester.

Visualisez avec gratitude : Utilisez la visualisation pour imaginer vos désirs en détail. Visualisez-vous déjà en train de vivre ces expériences, en ressentant la joie, l'excitation et la gratitude pour leur réalisation. Lorsque vous visualisez vos désirs, associez-les à un sentiment de gratitude profonde. Ressentez la gratitude comme si vous aviez déjà reçu ce que vous souhaitez manifester. Cela renforce l'alignement entre la gratitude et la manifestation.

Utilisez des affirmations de gratitude : Intégrez des affirmations de gratitude dans votre pratique de manifestation. Utilisez des déclarations positives et puissantes qui expriment votre gratitude pour la réalisation de vos désirs. Par exemple, vous pouvez dire : "Je suis reconnaissant pour l'abondance qui se manifeste dans ma vie. Je suis reconnaissant pour la réalisation de mes désirs les plus profonds." Répétez ces affirmations régulièrement pour renforcer votre état d'esprit de gratitude et de manifestation.

Prenez des actions alignées : Une fois que vous avez cultivé votre gratitude et visualisé vos désirs, prenez des actions alignées avec vos intentions. Écoutez votre intuition et suivez les indications qui vous sont données. Soyez ouvert aux opportunités et agissez en conséquence. Les actions que vous prenez doivent être en harmonie avec vos intentions et refléter votre état d'esprit de gratitude.

Lâchez prise et ayez confiance : Après avoir fait tout ce qui est en votre pouvoir pour manifester vos désirs, lâchez prise et ayez confiance en l'univers. Faites confiance au processus de manifestation et sachez que vos désirs se réaliseront au moment le plus opportun pour vous. Lâcher prise signifie que vous détachez votre attachement aux résultats spécifiques et que vous faites confiance à l'univers pour vous apporter ce qui est le mieux pour vous.

En pratiquant l'alignement de la gratitude et de la manifestation, vous créez une puissante vibration d'ouverture, de reconnaissance et de confiance. Vous vous connectez avec votre grandeur intérieure et vous permettez à vos désirs de se manifester dans votre réalité. La gratitude amplifie l'énergie positive et la manifestation canalise cette énergie vers la création de votre réalité idéale. En intégrant ces deux pratiques dans votre vie, vous serez en mesure de vivre pleinement votre grandeur et de créer une réalité épanouissante et alignée sur vos aspirations les plus profondes.

- Pratiquer la gratitude et la manifestation au quotidien

La gratitude et la manifestation sont des pratiques puissantes qui peuvent transformer notre vie lorsque nous les intégrons dans notre quotidien. En les pratiquant consciemment, nous sommes en mesure de créer une réalité épanouissante et alignée sur nos désirs les plus profonds.

Pratiquer la gratitude au quotidien nous invite à porter notre attention sur les aspects positifs de notre vie. Cela signifie prendre le temps de reconnaître et d'apprécier les petites et grandes bénédictions qui se présentent à nous chaque jour. Que ce soit un rayon de soleil qui illumine notre journée, une conversation inspirante avec un être cher, ou même un simple repas chaud, la gratitude nous aide à cultiver une attitude de reconnaissance envers tout ce qui nous entoure.

Il existe de nombreuses façons de pratiquer la gratitude au quotidien. Vous pouvez commencer par tenir un journal de gratitude dans lequel vous écrivez quotidiennement trois choses pour lesquelles vous êtes reconnaissant. Cette pratique vous permet de vous concentrer sur le positif et d'apprécier les petites joies de la vie. Vous pouvez également exprimer votre gratitude à voix haute en remerciant les personnes qui vous entourent pour leur soutien et leur présence dans votre vie. Une autre approche consiste à prendre quelques minutes chaque matin pour méditer sur ce pour quoi vous êtes reconnaissant, en vous connectant avec votre cœur et en ressentant la gratitude profonde.

La pratique de la gratitude régulière ouvre la porte à la manifestation. Lorsque nous cultivons un état d'esprit de gratitude, nous attirons davantage de raisons d'être reconnaissant. La gratitude élève notre vibration et nous permet d'entrer en résonance avec des expériences et des opportunités positives. En étant reconnaissant pour ce que nous avons déjà, nous envoyons un message à l'univers selon lequel nous sommes prêts à recevoir encore plus de bienfaits.

En parallèle à la gratitude, la pratique de la manifestation au quotidien nous permet d'intentionnellement créer notre réalité. Cela implique d'utiliser nos pensées, nos émotions et nos actions pour attirer ce que nous désirons dans notre vie. La manifestation commence par la clarté de nos intentions. Prenez le temps de clarifier ce que vous souhaitez manifester dans différents domaines de votre vie, que ce soit sur le plan personnel, professionnel, relationnel ou financier. Soyez spécifique et détaillé dans vos intentions afin de créer un focus clair.

Une fois que vous avez clarifié vos intentions, visualisez-les déjà réalisées. Fermez les yeux et imaginez-vous vivant votre vie idéale, ressentant les émotions positives qui accompagnent la réalisation de vos désirs. Visualisez les détails, les sensations et les interactions avec les autres. Plus vous pourrez ressentir cette réalité future, plus vous renforcerez la connexion entre votre esprit et votre corps, amplifiant ainsi le pouvoir de la manifestation.

Pour soutenir votre pratique de manifestation quotidienne, utilisez des affirmations positives. Créez des déclarations affirmatives qui expriment la réalisation de vos désirs. Par exemple, vous pouvez dire : "Je suis reconnaissant pour l'abondance qui se manifeste dans ma vie. Je suis un aimant à opportunités et à réussites." Répétez ces affirmations chaque jour, de préférence le matin ou avant de vous coucher, pour renforcer votre état d'esprit positif et votre alignement avec vos désirs.

Enfin, prenez des actions alignées avec vos intentions. Agir dans la direction de vos désirs est essentiel pour manifester vos rêves. Soyez attentif aux opportunités qui se présentent à vous et saisissez-les avec confiance. Écoutez votre intuition et suivez les indications qui vous sont données. Les actions que vous prenez ne doivent pas nécessairement être énormes ou spectaculaires, mais elles doivent être en accord avec vos intentions et vous rapprocher de vos objectifs.

En combinant la gratitude et la manifestation dans votre vie quotidienne, vous créez un puissant élan pour attirer vos désirs. La gratitude ouvre la porte à l'abondance et à la positivité, tandis que la manifestation canalise cette énergie vers la création consciente de votre réalité idéale. Pratiquer la gratitude et la manifestation au quotidien demande de la discipline et de la persévérance, mais les résultats en valent la peine. Vous serez étonné de voir comment votre vie se transforme lorsque vous vous engagez pleinement dans ces pratiques et que vous laissez la gratitude et la manifestation guider vos pas vers une vie épanouissante et alignée sur vos aspirations les plus profondes.

- Témoignages inspirants

Les témoignages inspirants sont des récits personnels qui mettent en lumière des expériences de personnes ayant pratiqué la gratitude et la manifestation dans leur vie quotidienne. Ces histoires captivantes démontrent le pouvoir transformateur de ces pratiques et offrent un soutien supplémentaire aux lecteurs dans leur propre cheminement vers l'épanouissement et la création consciente de leur réalité.

Chaque témoignage apporte une perspective unique sur la façon dont la gratitude et la manifestation ont joué un rôle significatif dans la vie d'une personne. Ces récits sont souvent empreints d'authenticité, de vulnérabilité et d'espoir, ce qui permet aux lecteurs de s'identifier et de se connecter avec les défis et les triomphes des témoins.

Les témoignages peuvent provenir de personnes issues de divers horizons, chacune ayant sa propre histoire à raconter. Par exemple, un témoin peut partager comment la pratique de la gratitude lui a permis de surmonter une période de dépression et de retrouver la joie dans sa vie. Un autre témoin peut raconter comment la manifestation l'a aidé à réaliser son rêve d'entrepreneuriat et à créer une entreprise prospère.

Ces témoignages inspirants fournissent des preuves concrètes de la puissance de la gratitude et de la manifestation. Ils montrent comment ces pratiques peuvent transformer les circonstances les plus difficiles en opportunités de croissance et de réalisation. Ils rappellent aux lecteurs qu'ils ont le pouvoir de changer leur réalité en changeant leur état d'esprit et en se connectant à leur potentiel intérieur.

Les témoignages peuvent également illustrer les différentes façons dont la gratitude et la manifestation peuvent être intégrées dans différents aspects de la vie. Par exemple, un témoignage peut se concentrer sur l'impact de la gratitude sur les relations familiales, en soulignant comment la reconnaissance et l'appréciation mutuelle ont renforcé les liens familiaux et créé un environnement harmonieux. Un autre témoignage peut se pencher sur l'utilisation de la manifestation pour atteindre des objectifs professionnels, en mettant en évidence comment la visualisation, les affirmations et les actions alignées ont ouvert des portes et créé des opportunités de réussite.

Ces histoires de réussite inspirent les lecteurs en leur montrant que peu importe leurs circonstances actuelles, ils ont le pouvoir de créer un changement positif dans leur vie. Elles leur rappellent qu'il est possible de surmonter les obstacles, de transformer les limitations en opportunités et de vivre une vie remplie de joie, d'abondance et de réalisations.

En partageant ces témoignages inspirants, l'auteur du livre crée une communauté de soutien et d'encouragement pour les lecteurs. Les témoignages permettent aux lecteurs de se sentir connectés à une plus grande toile d'expériences humaines, où ils peuvent puiser inspiration, motivation et conseils pratiques.

Les témoignages inspirants sont une partie essentielle de tout livre sur la gratitude et la manifestation, car ils renforcent les enseignements théoriques et fournissent des exemples concrets de leur application dans la vie réelle. Ils éclairent le chemin vers une vie épanouissante et offrent une lueur d'espoir à ceux qui cherchent à libérer leur potentiel et à créer leur propre réalité.

En intégrant des témoignages inspirants dans le livre, l'auteur offre aux lecteurs un véritable trésor d'expériences et de leçons de vie. Ces récits authentiques et édifiants sont une source d'inspiration continue et servent de rappel constant du pouvoir illimité qui réside en chacun de nous lorsque nous choisissons de pratiquer la gratitude et la manifestation au quotidien.

- Récapitulatif et intégration

Le récapitulatif et l'intégration sont des étapes essentielles dans tout livre axé sur la croissance personnelle et le développement. Ces dernières pages offrent une occasion de synthétiser les principaux concepts et enseignements présentés tout au long du livre, ainsi que de guider les lecteurs dans l'intégration pratique de ces idées dans leur vie quotidienne.

Le récapitulatif permet de revisiter les principaux thèmes et chapitres du livre, en résumant les idées clés et les points saillants. Cela permet aux lecteurs de se rafraîchir la mémoire et de renforcer leur compréhension globale des concepts présentés. L'auteur peut choisir de reprendre les grandes étapes du cheminement vers la libération de la grandeur intérieure, en mettant en évidence les étapes clés telles que l'identification des blocages, l'exploration des peurs et des doutes, la cultivation de l'estime de soi, le développement d'une mentalité de croissance, etc.

Dans cette section, l'auteur peut également souligner les moments les plus mémorables du livre, comme les anecdotes inspirantes, les exercices pratiques ou les idées révolutionnaires qui ont eu un impact particulier sur les lecteurs. Il est important de rappeler aux lecteurs les enseignements les plus importants, afin qu'ils puissent les garder en mémoire et les intégrer dans leur vie quotidienne.

L'intégration est la partie du livre où l'auteur guide les lecteurs dans l'application pratique des principes et des enseignements présentés. Il s'agit d'encourager les lecteurs à prendre des mesures concrètes pour intégrer ces concepts dans leur vie et créer un réel changement. L'auteur peut proposer des exercices, des réflexions ou des actions spécifiques que les lecteurs peuvent entreprendre pour mettre en pratique les enseignements du livre.

Par exemple, l'auteur peut suggérer aux lecteurs de créer un plan d'action pour mettre en œuvre les principes de la gratitude et de la manifestation dans leur vie quotidienne. Cela pourrait inclure des actions simples telles que la tenue d'un journal de gratitude, la pratique de la méditation, l'utilisation d'affirmations positives, la visualisation créative, ou encore la mise en place de rituels quotidiens pour nourrir leur état d'esprit positif.

L'auteur peut également encourager les lecteurs à trouver des moyens de se responsabiliser mutuellement en créant des groupes de soutien ou des cercles de partage où ils peuvent échanger leurs expériences, se motiver mutuellement et partager leurs succès.

En plus de fournir des outils et des exercices pratiques, l'auteur peut également rappeler aux lecteurs l'importance de la patience et de la persévérance. Le cheminement vers la libération de la grandeur intérieure et la création d'une réalité épanouissante peut prendre du temps et nécessiter des ajustements réguliers. Il est essentiel de maintenir une attitude ouverte, d'apprendre de chaque expérience et d'ajuster son approche au fur et à mesure de son évolution personnelle.

En résumé, le récapitulatif et l'intégration constituent une partie cruciale du livre. Ils permettent de rassembler les enseignements clés, de guider les lecteurs dans l'application pratique des principes présentés et de les encourager à poursuivre leur cheminement vers une vie plus épanouissante et alignée sur leur grandeur intérieure.

Partie 6 : La transformation à long terme : maintenir et développer sa grandeur

✓ Renforcer les fondations

Renforcer les fondations constitue une étape cruciale pour maintenir et développer sa grandeur intérieure sur le long terme. Dans ce chapitre, nous explorerons les pratiques fondamentales qui ont été enseignées tout au long du livre et discuterons de leur importance continue dans la construction d'une base solide pour une vie épanouissante.

La gratitude, par exemple, est une pratique puissante pour cultiver un état d'esprit positif et reconnaissant. Nous rappellerons aux lecteurs de continuer à pratiquer la gratitude régulièrement, en prenant le temps chaque jour de reconnaître les petites et grandes choses pour lesquelles ils sont reconnaissants. Ils peuvent tenir un journal de gratitude, noter trois choses positives chaque jour ou simplement exprimer leur gratitude mentalement. Cette pratique permet de cultiver une perspective positive, de focaliser l'attention sur les aspects positifs de la vie et de renforcer la connexion avec sa grandeur intérieure.

La manifestation est une autre pratique essentielle à renforcer. Nous rappellerons aux lecteurs les principes de la manifestation : clarifier leurs intentions, visualiser leurs désirs avec émotion, croire en leur réalisation et prendre des mesures alignées avec leurs objectifs. Nous les encouragerons à intégrer ces principes dans leur vie quotidienne en créant des rituels de manifestation, en utilisant des affirmations positives et en visualisant régulièrement leur vie idéale. En renforçant la pratique de la manifestation, les lecteurs seront en mesure de créer consciemment leur réalité et de manifester leurs aspirations les plus profondes.

L'estime de soi et l'amour-propre sont également des fondations essentielles à renforcer. Nous rappellerons aux lecteurs l'importance de se traiter avec bienveillance, de s'accepter tels qu'ils sont et de développer une relation positive avec eux-mêmes. Nous discuterons des différentes façons de cultiver l'estime de soi, comme l'identification et la valorisation de ses forces et de ses talents, la pratique de l'autocompassion et l'adoption d'une attitude bienveillante envers ses erreurs et ses imperfections. En renforçant l'estime de soi, les lecteurs pourront se sentir plus confiants, alignés avec leur véritable valeur et prêts à libérer pleinement leur potentiel.

Une autre fondation importante à renforcer est la conscience de soi. Nous encouragerons les lecteurs à cultiver une conscience profonde de leurs pensées, de leurs émotions et de leurs comportements, afin de mieux comprendre leur propre fonctionnement et d'identifier les schémas qui pourraient les retenir. Nous leur proposerons des techniques de pleine conscience, de méditation et d'observation de soi pour développer cette conscience de soi. En renforçant leur conscience de soi, les lecteurs seront en mesure de reconnaître plus facilement leurs blocages, leurs croyances limitantes et leurs schémas autodestructeurs, leur permettant ainsi de les transformer et de progresser vers leur grandeur intérieure.

Enfin, nous soulignerons l'importance de maintenir une pratique régulière pour renforcer ces fondations. Nous encouragerons les lecteurs à créer des routines et des rituels qui soutiennent leur bien-être mental, émotionnel et spirituel. Cela peut inclure la méditation quotidienne, l'exercice physique, la lecture de livres inspirants, l'écriture de journaux ou toute autre activité qui nourrit leur âme. En renforçant ces pratiques, les lecteurs pourront se sentir ancrés, équilibrés et en alignement avec leur grandeur intérieure.

En renforçant les fondations de la gratitude, de la manifestation, de l'estime de soi, de la conscience de soi et des pratiques régulières, les lecteurs auront une base solide pour maintenir et développer leur grandeur intérieure. Ces pratiques les soutiendront dans leur cheminement vers une vie épanouissante, en leur permettant de rester connectés à leur potentiel, à leur authenticité et à leur pouvoir créateur. En intégrant ces fondations dans leur vie quotidienne, les lecteurs seront en mesure de vivre pleinement leur grandeur et de créer leur propre réalité alignée sur leurs aspirations les plus profondes.

- Élargir ses horizons

Élargir ses horizons est un aspect essentiel pour maintenir et développer sa grandeur intérieure sur le long terme. Lorsque nous nous ouvrons à de nouvelles expériences, passions et connaissances, nous stimulons notre croissance personnelle et créons des opportunités pour exprimer pleinement notre potentiel. Dans ce chapitre, nous explorerons différentes façons d'élargir nos horizons et de continuer à évoluer vers une vie plus épanouissante.

Une manière d'élargir ses horizons est d'explorer de nouvelles passions et intérêts. Parfois, nous pouvons nous sentir limités par nos routines et habitudes.

En sortant de notre zone de confort, nous avons l'occasion de découvrir de nouvelles activités qui résonnent avec notre être profond. Cela peut inclure l'apprentissage d'un nouvel instrument de musique, l'exploration de différentes formes d'art, la pratique d'un nouveau sport ou l'engagement dans des activités bénévoles. En découvrant de nouvelles passions, nous nourrissons notre âme et développons de nouvelles facettes de notre grandeur intérieure.

L'élargissement des horizons peut également se faire par l'apprentissage continu. En cultivant une mentalité de croissance, nous nous engageons dans un processus d'apprentissage perpétuel. Cela peut se traduire par la lecture de livres inspirants, la participation à des séminaires, des conférences ou des ateliers, ou encore la recherche de formations et de cours en ligne. L'objectif est de développer de nouvelles compétences, d'acquérir des connaissances supplémentaires et d'élargir notre perspective sur le monde. En continuant à apprendre, nous maintenons notre esprit ouvert et adaptable, favorisant ainsi notre croissance personnelle.

Une autre façon d'élargir nos horizons est d'explorer de nouveaux environnements et cultures. Voyager, que ce soit à l'échelle locale ou internationale, nous expose à de nouvelles expériences, idées et perspectives. En rencontrant des personnes différentes et en découvrant de nouveaux paysages, nous élargissons notre compréhension du monde et de nous-mêmes. Les voyages peuvent nous aider à sortir de notre routine quotidienne, à remettre en question nos croyances et à nous connecter avec notre essence profonde. Ils nous encouragent à sortir de notre zone de confort et à embrasser l'inconnu.

L'élargissement de nos horizons peut également se faire par la recherche de nouvelles expériences stimulantes. Cela peut inclure la participation à des activités d'aventure, telles que l'escalade, le parachutisme ou la plongée sous-marine, qui nous permettent de relever des défis et de repousser nos limites personnelles. Cela peut également signifier la rencontre de personnes inspirantes et influentes, en s'engageant dans des réseaux professionnels ou des communautés axées sur la croissance personnelle. En recherchant des expériences qui nous stimulent, nous nourrissons notre passion et notre motivation pour vivre pleinement notre grandeur intérieure.

En élargissant nos horizons, nous ouvrons de nouvelles opportunités pour notre développement personnel et notre épanouissement. Cela nous permet de nous connecter à notre véritable essence et de libérer notre potentiel. En sortant de notre zone de confort, en explorant de nouvelles passions, en apprenant continuellement, en voyageant et en recherchant des expériences stimulantes, nous créons un terreau fertile pour notre croissance intérieure.

L'élargissement de nos horizons nous permet également de développer notre compréhension du monde et d'apprécier la diversité qui l'entoure. Cela nous encourage à embrasser la différence et à cultiver l'empathie envers les autres. En élargissant nos horizons, nous pouvons contribuer à un monde plus inclusif et harmonieux.

- Gérer les revers et les défis

Gérer les revers et les défis est une partie inévitable de notre parcours vers la grandeur intérieure. Dans ce chapitre, nous explorerons l'importance de développer des compétences de résilience et des stratégies efficaces pour faire face aux revers et aux défis qui se présentent sur notre chemin.

Lorsque nous aspirons à vivre pleinement notre grandeur, il est essentiel de reconnaître que nous serons confrontés à des obstacles. Ces obstacles peuvent prendre différentes formes : des échecs, des déceptions, des difficultés financières, des problèmes de santé ou des conflits relationnels. Cependant, ce qui importe vraiment, c'est la façon dont nous réagissons face à ces défis et comment nous nous en relevons.

La première étape pour gérer les revers et les défis est de développer une attitude mentale résiliente. Cela signifie cultiver la capacité de faire face aux difficultés, de rebondir après les échecs et de trouver des solutions créatives aux problèmes. La résilience est alimentée par une croyance en notre capacité à surmonter les obstacles et à apprendre de nos expériences. Nous pouvons renforcer notre résilience en développant une mentalité de croissance, en pratiquant l'optimisme réaliste et en cultivant l'acceptation face aux situations qui échappent à notre contrôle.

Une autre stratégie efficace pour gérer les revers est de développer un réseau de soutien solide. Lorsque nous faisons face à des défis, il est essentiel d'avoir des personnes bienveillantes à nos côtés. Ces personnes peuvent être des amis proches, des membres de la famille, des mentors ou des professionnels de la santé mentale. En partageant nos difficultés avec des personnes de confiance, nous pouvons bénéficier de leur soutien, de leurs conseils et de leur perspective. Le soutien social joue un rôle clé dans notre capacité à surmonter les revers et à maintenir notre motivation.

Une autre approche pour gérer les revers est de pratiquer l'auto-compassion. Lorsque nous faisons face à des échecs ou à des difficultés, il est facile de s'en vouloir et de s'auto-critiquer. Cependant, l'auto-compassion consiste à se traiter avec gentillesse, à reconnaître notre humanité commune et à cultiver la bienveillance envers nous-mêmes. En développant une attitude bienveillante envers nos erreurs et nos imperfections, nous renforçons notre résilience et notre capacité à faire face aux défis avec compassion et détermination.

Une autre stratégie clé pour gérer les revers est de développer des compétences de résolution de problèmes. Plutôt que de se sentir dépassé par les obstacles, nous pouvons nous concentrer sur la recherche de solutions constructives. Cela implique d'identifier les défis spécifiques, de générer des idées créatives pour les surmonter et de mettre en œuvre des plans d'action concrets. En développant nos compétences en résolution de problèmes, nous pouvons transformer les défis en opportunités de croissance et de développement personnel.

Il est également important de maintenir une perspective positive face aux revers. Bien que les difficultés puissent sembler décourageantes sur le moment, elles offrent souvent des leçons précieuses et des opportunités de croissance. En adoptant une attitude de gratitude et en recherchant les aspects positifs même dans les moments les plus difficiles, nous développons notre résilience et notre capacité à rebondir.

Enfin, il est essentiel de prendre soin de notre bien-être physique et émotionnel lorsque nous faisons face à des revers. Le stress et les émotions négatives peuvent avoir un impact significatif sur notre capacité à faire face aux défis. En veillant à notre santé mentale, en pratiquant des techniques de gestion du stress, en nourrissant notre corps avec une alimentation saine et en faisant de l'exercice régulièrement, nous renforçons notre résilience et notre capacité à surmonter les revers.

- L'impact sur les autres

L'impact que nous avons sur les autres est un aspect essentiel de notre grandeur intérieure. Dans ce chapitre, nous explorerons comment notre façon d'être, nos actions et nos choix peuvent influencer positivement la vie des autres et contribuer à un monde meilleur.

Lorsque nous vivons pleinement notre grandeur intérieure, nous rayonnons d'une énergie positive qui inspire et élève ceux qui nous entourent. Notre authenticité, notre compassion et notre générosité ont le pouvoir de toucher les autres d'une manière profonde et significative. Lorsque nous sommes alignés avec notre véritable essence, nous devenons des catalyseurs de transformation pour les autres.

Un aspect clé de l'impact sur les autres est notre capacité à écouter et à être présent. En accordant une attention réelle à ceux qui nous entourent, en écoutant leurs histoires, leurs préoccupations et leurs aspirations, nous leur montrons qu'ils sont importants et valorisés. Cette écoute active crée un espace où les autres peuvent s'exprimer librement, trouver du soutien et être encouragés dans leur propre cheminement vers la grandeur.

En vivant notre grandeur intérieure, nous devenons également des modèles inspirants pour les autres. Nos actions parlent plus fort que nos mots, et lorsque nous vivons en accord avec nos valeurs, nous inspirons les autres à faire de même. En montrant l'exemple, nous ouvrons la voie à une transformation positive dans la vie des autres et les encourageons à explorer leur propre grandeur intérieure.

Notre impact sur les autres se manifeste également à travers nos relations interpersonnelles. Lorsque nous cultivons des relations harmonieuses, respectueuses et authentiques, nous créons un environnement propice à la croissance et au bien-être mutuel. Notre présence aimante et soutenante peut encourager les autres à se connecter plus profondément avec eux-mêmes, à guérir leurs blessures émotionnelles et à libérer leur propre potentiel.

L'impact sur les autres ne se limite pas seulement à notre cercle intime. Nous avons également la capacité d'influencer positivement les communautés dans lesquelles nous évoluons. Que ce soit en tant que bénévole, en partageant nos connaissances et nos compétences, ou en participant activement à des causes qui nous tiennent à cœur, nous contribuons à créer un monde meilleur. Chaque geste de générosité et d'altruisme, aussi petit soit-il, a un effet d'entraînement et peut inspirer les autres à agir à leur tour.

En vivant notre grandeur intérieure et en ayant un impact positif sur les autres, nous participons à la création d'une société plus aimante, compatissante et juste. Nos actions peuvent avoir un effet en cascade, créant un changement en chaîne qui s'étend bien au-delà de notre sphère d'influence immédiate. Nous devenons des agents de transformation qui contribuent à bâtir un monde où la grandeur de chacun est reconnue et célébrée.

- La grandeur collective

La grandeur collective est un concept puissant qui met l'accent sur l'idée que notre véritable grandeur réside dans notre capacité à travailler ensemble, à collaborer et à créer un impact positif en tant que communauté. Dans ce chapitre, nous explorerons l'importance de la grandeur collective et comment elle peut transformer nos vies et notre monde.

Lorsque nous parlons de grandeur collective, nous nous référons à la capacité des individus à se rassembler, à mettre en commun leurs forces et leurs talents, et à travailler vers un objectif commun. Cela va au-delà de l'individu et de ses réalisations personnelles, et met l'accent sur le potentiel collectif qui émerge lorsque les personnes s'unissent dans un esprit de coopération et de solidarité.

Un aspect clé de la grandeur collective est la reconnaissance que nous sommes tous interconnectés et interdépendants. Nous partageons tous cette planète, et nos actions ont un impact sur les autres et sur l'environnement qui nous entoure. Lorsque nous prenons conscience de cette interconnexion, nous réalisons que notre grandeur ne peut être pleinement réalisée que lorsque nous travaillons ensemble pour le bien commun.

La grandeur collective se manifeste à travers la collaboration et le partage des connaissances. Lorsque nous mettons en commun nos compétences et nos expériences, nous créons une synergie qui va au-delà de ce que nous pourrions accomplir individuellement. La diversité des perspectives, des talents et des idées enrichit notre capacité à résoudre les problèmes, à innover et à trouver des solutions créatives. En embrassant la grandeur collective, nous reconnaissons la valeur de chacun et encourageons la participation active de tous les membres de notre communauté.

La grandeur collective est également liée à la notion de justice sociale et d'équité. Lorsque nous travaillons ensemble pour créer un monde plus juste et inclusif, nous permettons à chaque individu de réaliser son plein potentiel. Cela implique de s'attaquer aux inégalités sociales, de promouvoir l'accès équitable aux ressources et aux opportunités, et de donner la voix aux personnes marginalisées. En investissant dans la grandeur collective, nous créons un environnement propice à l'épanouissement de tous et à la construction d'une société plus équilibrée et juste.

La grandeur collective exige également un engagement envers la durabilité et la préservation de notre planète. En reconnaissant notre responsabilité envers l'environnement, nous adoptons des pratiques durables et cherchons des solutions respectueuses de la nature. Cela peut inclure la promotion des énergies renouvelables, la réduction des déchets, la protection de la biodiversité et la sensibilisation à l'importance de vivre en harmonie avec la nature. La grandeur collective nous appelle à être des gardiens responsables de notre planète, pour les générations présentes et futures.

La grandeur collective ne se limite pas aux frontières géographiques ou aux différences culturelles. Elle transcende les barrières et unit les peuples du monde entier. La solidarité mondiale est essentielle pour faire face aux défis mondiaux tels que le changement climatique, les inégalités économiques, les conflits et les crises humanitaires. En travaillant ensemble, en partageant nos ressources et nos connaissances, nous pouvons créer un monde où chacun peut prospérer et vivre dans la dignité.

- Évoluer avec le temps

Évoluer avec le temps est un aspect fondamental de la grandeur intérieure et de notre capacité à vivre pleinement. Dans ce chapitre, nous allons explorer l'importance de s'adapter au changement, de cultiver la flexibilité et de continuer à grandir tout au long de notre vie.

Le monde dans lequel nous vivons est en constante évolution. Les circonstances, les technologies, les idées et les attentes évoluent rapidement. Pour vivre pleinement notre grandeur, il est essentiel de rester ouverts au changement et de nous adapter aux nouvelles réalités qui se présentent à nous.

Une partie de l'évolution avec le temps consiste à cultiver la flexibilité mentale. Cela implique d'être prêt à remettre en question nos croyances et nos habitudes, d'accepter de nouvelles perspectives et d'apprendre de nouvelles compétences. La flexibilité mentale nous permet de nous ajuster aux changements, de trouver des solutions créatives aux problèmes et de rester ouverts aux opportunités qui se présentent à nous.

L'évolution avec le temps nécessite également d'embrasser l'apprentissage continu. Nous devons être disposés à sortir de notre zone de confort, à acquérir de nouvelles connaissances et compétences, et à nous tenir au courant des dernières avancées dans notre domaine d'intérêt. L'apprentissage continu nous permet de rester pertinents, de nous développer personnellement et professionnellement, et de rester engagés dans notre quête de grandeur.

Un aspect clé de l'évolution avec le temps est d'apprendre de nos expériences passées. Chaque expérience, qu'elle soit positive ou négative, nous offre des leçons précieuses. En réfléchissant sur nos succès et nos échecs, nous pouvons identifier ce qui a fonctionné, ce qui n'a pas fonctionné, et ajuster notre approche en conséquence. L'auto-réflexion et l'introspection nous aident à grandir, à développer une sagesse accrue et à éviter de répéter les mêmes erreurs.

L'évolution avec le temps implique également de faire preuve d'adaptabilité face aux défis et aux obstacles. La vie est pleine d'incertitudes et de moments difficiles, mais c'est dans ces moments que nous avons l'occasion de nous surpasser et de développer notre résilience. La capacité à s'adapter aux circonstances changeantes, à faire preuve de résilience face aux revers et à trouver des solutions créatives est essentielle pour continuer à grandir et à évoluer.

Une autre facette de l'évolution avec le temps est d'écouter nos propres besoins et de nous accorder le temps et l'espace nécessaires pour prendre soin de nous-mêmes. Le bien-être physique, émotionnel et mental est essentiel pour notre croissance et notre épanouissement. Cela peut inclure la pratique régulière de l'auto-soin, la gestion du stress, le maintien d'un équilibre entre le travail et la vie personnelle, et la recherche de soutien lorsque cela est nécessaire. Prendre soin de nous-mêmes nous permet d'être dans notre meilleure forme, ce qui favorise notre capacité à évoluer et à vivre pleinement notre grandeur intérieure.

Enfin, l'évolution avec le temps implique de rester connectés aux autres et de cultiver des relations positives. Les personnes qui nous entourent peuvent nous inspirer, nous encourager et nous soutenir dans notre parcours de croissance. En établissant des liens significatifs avec les autres, nous pouvons élargir nos horizons, partager nos expériences et apprendre les uns des autres. Les relations saines et nourrissantes jouent un rôle crucial dans notre capacité à évoluer et à vivre pleinement notre grandeur.

Conclusion :

Dans ce livre, nous avons exploré le thème captivant de laisser sa grandeur prendre sa place dans le monde. Nous avons découvert les nombreux aspects de cette grandeur enfouie qui réside en chacun de nous et avons examiné comment la libérer pour vivre une vie pleine de sens, d'épanouissement et de contribution.

Nous avons commencé par reconnaître l'importance d'identifier les blocages et les croyances limitantes qui nous empêchent de pleinement exprimer notre grandeur. En sondant les profondeurs de notre être, nous avons pu explorer nos peurs et nos doutes, comprendre leurs origines et les surmonter pour avancer avec confiance.

En développant une conscience de soi et une confiance en soi solides, nous avons jeté les bases d'une transformation profonde. Nous avons appris à cultiver l'estime de soi et l'amour-propre, en reconnaissant notre valeur intrinsèque et en embrassant notre unicité. Cela nous a permis de développer une mentalité de croissance, d'être ouverts à l'apprentissage continu et de persévérer face aux défis qui se présentent à nous.

Nous avons également exploré l'importance de nous affranchir des normes et des attentes extérieures, en suivant notre propre chemin et en honorant nos aspirations les plus profondes. En identifiant et en utilisant nos talents et nos passions, nous avons pu donner un sens et une direction à notre vie, tout en découvrant notre véritable potentiel.

La créativité et la force intérieure ont joué un rôle essentiel dans notre parcours vers la grandeur. Nous avons appris à explorer notre imagination, à libérer notre créativité et à puiser dans nos ressources internes pour apporter des changements significatifs dans notre vie et dans le monde qui nous entoure.

Bien sûr, le chemin vers la grandeur n'est pas sans obstacles. Nous avons abordé la manière de faire face aux revers et aux défis, en développant une résilience et une capacité à rebondir. Nous avons compris que chaque obstacle est une occasion d'apprendre, de grandir et de nous rapprocher de notre véritable potentiel.

Mais la grandeur ne se limite pas à notre vie personnelle. Nous avons également exploré la façon dont notre grandeur peut avoir un impact sur les autres et contribuer à un monde meilleur. En cultivant des relations harmonieuses et inspirantes, en partageant notre grandeur avec les autres et en inspirant ceux qui nous entourent, nous avons créé une synergie positive qui se propage au-delà de nous-mêmes.

Enfin, nous avons découvert que vivre pleinement sa grandeur consiste à créer sa propre réalité. Nous avons appris à pratiquer la gratitude et la manifestation, à aligner nos pensées, nos émotions et nos actions avec nos aspirations les plus profondes, et à co-créer notre propre destinée.

En récapitulant notre parcours, nous avons pris conscience de l'importance de renforcer nos fondations, d'élargir nos horizons, de gérer les revers et les défis, de reconnaître l'impact que nous pouvons avoir sur les autres et de cultiver la grandeur collective.

Dans chaque chapitre, nous avons été guidés par la conviction profonde que nous sommes tous porteurs d'une grandeur intérieure, d'un potentiel illimité qui ne demande qu'à être révélé. En embrassant notre grandeur et en laissant notre lumière briller, nous devenons des agents de transformation, capables d'apporter des changements significatifs dans notre propre vie et dans le monde qui nous entoure.

Ce livre est un appel à action, une invitation à embrasser notre grandeur et à créer une réalité qui nous ressemble. Puissions-nous continuer à explorer notre grandeur, à cultiver notre potentiel et à vivre une vie pleine de sens, de passion et de contribution.

Laissons notre grandeur prendre sa place dans le monde et créons ensemble un avenir où chacun peut s'épanouir et réaliser son plein potentiel.

Vivre pleinement sa grandeur et créer sa propre réalité

En conclusion, vivre pleinement sa grandeur et créer sa propre réalité est un appel à embrasser notre plein potentiel et à façonner activement notre vie selon nos aspirations les plus profondes. Cela nécessite de nous affranchir des limitations et des croyances limitantes, d'explorer nos peurs et nos doutes, et de cultiver une confiance en nous-mêmes inébranlable.

En laissant notre grandeur prendre sa place, nous découvrons la joie de vivre une vie authentique et épanouissante. Nous sommes en mesure d'identifier nos talents, nos passions et nos valeurs, et de les mettre en action pour créer une réalité qui résonne avec qui nous sommes véritablement. Cela peut signifier prendre des risques, sortir de notre zone de confort et surmonter les obstacles qui se présentent sur notre chemin. Mais ces défis ne font que renforcer notre détermination et notre résilience.

Lorsque nous vivons pleinement notre grandeur, nous sommes également en mesure de créer un impact positif dans le monde qui nous entoure. En partageant notre authenticité, notre expérience et notre savoir, nous inspirons les autres à libérer leur propre potentiel. Nous pouvons devenir des modèles, des mentors et des catalyseurs de changement, en encourageant les autres à suivre leur propre chemin vers la grandeur.

Cultiver une mentalité de croissance est essentiel dans ce processus. Cela nous permet de voir les défis comme des occasions d'apprentissage, de croire en notre capacité à nous développer et à évoluer, et de persévérer même face aux difficultés. Nous embrassons l'idée que nous avons le pouvoir de changer, de grandir et de créer notre réalité à chaque instant.

En laissant notre grandeur prendre sa place, nous transcendons les attentes et les normes extérieures. Nous sommes libres d'être nous-mêmes, de suivre notre intuition et de choisir notre propre chemin. Nous nous affranchissons des jugements et des opinions des autres, et nous nous connectons à notre propre vérité intérieure. Cela nous permet d'explorer notre créativité, de prendre des décisions alignées sur nos valeurs et de vivre une vie qui résonne avec notre être le plus profond.

Lorsque nous vivons pleinement notre grandeur et créons notre propre réalité, nous cultivons une estime de soi solide et un amour-propre profond. Nous nous accordons la permission d'être imparfaits, de faire des erreurs et d'apprendre de nos expériences. Nous embrassons notre unicité et nous nous aimons inconditionnellement. Cela se traduit par des relations plus saines et plus harmonieuses, car nous attirons des personnes qui reconnaissent et respectent notre grandeur, et nous sommes capables de les inspirer à libérer leur propre potentiel.

En fin de compte, vivre pleinement sa grandeur et créer sa propre réalité est un voyage personnel et transformateur. Cela demande du courage, de l'audace et une volonté de croire en soi-même. Mais lorsque nous embrassons cette voie, nous découvrons une profonde satisfaction et une connexion profonde avec notre véritable essence. Nous pouvons créer une vie qui reflète notre grandeur intérieure et contribuer à un monde meilleur en inspirant les autres à faire de même.

Alors, je t'invite à laisser ta grandeur prendre sa place dans le monde, à embrasser qui tu es vraiment, à suivre tes passions et à vivre une vie pleinement épanouissante. Tu as le pouvoir de créer ta propre réalité et d'inspirer les autres à libérer leur potentiel. N'oublie jamais que tu es unique et précieux, et que le monde a besoin de ta grandeur.

Références bibliographiques :

1. « *La motivation personnelle : Découvrir ses sources intérieures* » de Jean-Baptiste Viry, Éditions Eyrolles, 2018

2. « *Le pouvoir de la motivation* » de Jean-Yves Fougères, Éditions Eyrolles, 2015

3. « *Quatre leçons de vie* » de Anthony Robbins, Éditions Eyrolles, 2017

4. « *Comment trouver sa voie ?* », Centre d'études de l'emploi, 2020, disponible à l'adresse : http://www.cee-recherche.fr/fr/trouver-sa-voie/

5. « *Définir ses objectifs : Le guide ultime* », Les Éditions Management, 2020, disponible à l'adresse : https://editionsmanagement.com/definir-ses-objectifs/

Printed by Books on Demand GmbH, Norderstedt / Germany